CABRILLO COLLEGE

CYFRES Y CEWRI

CYFRES Y CEWRI 26

Theleri Thŵp

DEWI PWS MORRIS

Gwasg
Gwynedd

Argraffiad Cyntaf — Tachwedd 2003

© Dewi Pws Morris 2003

ISBN 0 86074 197 4

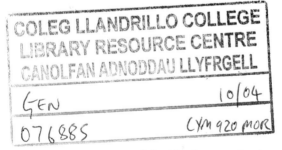
*Cyhoeddwyd ac argraffwyd
gan Wasg Gwynedd, Caernarfon*

ER COF AM DAI A SHWN

Cynnwys

Deinosor yn yr Ardd

Fe ges i fy ngeni ar Ebrill yr unfed ar hugain 1948, diwrnod pen-blwydd y Cwîn. Ond dwi ddim yn Cwîn fy hunan er bo fi'n helpu mas pan ma nhw'n fishi. Yn rhif 4 New Quarr Road, Treboth ges i fy ngeni, er mwyn bod yn agos at Mam. Fe'm ganwyd i yn fab i Glan Morris, a oedd yn beiriannydd yng ngwaith Trostre, a'i wraig Ray Morris, a oedd yn gwneud dim byd.

Fuodd Mam mas yn gweithio unwaith, yr unig ddiwrnod o waith gafodd hi erioed. Do, fe aeth hi mas i weithio mewn siop a fe ddaeth hi adre'n llefen. Aeth hi byth mas i weithio wedyn. Ond roedd hi'n fedrus iawn gyda'i dwylo – weithiau fe fydde hi'n eu gwasgu nhw rownd fy ngwddw i. Ond na, roedd hi'n fedrus iawn, yn gwnïo, gwneud brodwaith a gwneud hetiau.

Un peth dwi'n gofio'n dda am Mam a Dad pan own i'n fach oedd y bydden nhw'n siarad Saesneg â'i gilydd ond yn siarad Cymraeg â fi. Own nhw'n benderfynol o nghodi i'n ddwyieithog.

Pan fydde Dad yn dod adre o'r gwaith, a Mam wedi bod yn y tŷ drwy'r dydd heb neb i siarad â hi, fe fydde fe'n mynd yn syth i ymolch uwch y bosh – y basin ymolchi – ac yn ymolch yn lân, yn cynnwys dan ei geseiliau. Wedyn fe fydde fe'n eistedd lawr a mynd ati i ddarllen yr *Evening Post*. Tra bydde fe'n darllen fe fydde Mam yn dechre siarad:

9

'Glywest ti am Mrs Jones lan yr hewl? Mae hi wedi câl pwl bach arall o'r gowt... a ma' Mr Davies y gweinidog wedi colli'r gath...'

A dyna ble bydde Dad yn eistedd am tua chwarter awr gyda'r llifeiriant geiriau yma'n arllwys drosto fe, yn mynd mewn drwy un glust a mas drwy'r llall. Wedyn fe fydde fe'n plygu'r papur yn deidi ac yn eistedd arno cyn troi at Mam a dweud,

'For God's sake, Ray, give your arse a chance.'

Fe fydde hyn yn digwydd bob nos yn ddieithriad.

Rwy'n cofio Mam yn fy nhwyllo i unwaith i balu'r ardd. Fe wnaeth hi fy mherswadio i fod ffair Treboth yn cael ei chynnal ar un adeg ar safle ein gardd ni, a bod darnau arian ac aur yn dal yn y ddaear. Fe gloddiais i'r ardd i gyd heb ffeindio'r un geiniog cyn sylweddoli mai tric gan Mam oedd y cyfan er mwyn cael yr ardd wedi'i phalu.

Mae Mam yn dueddol o gymysgu pethe. Dyna pam rwy'n ei galw hi yn Kenwood. Ar un adeg fe ddechreuodd y cymdogion gyferbyn â ni dderbyn galwadau cas ar y ffôn. A dyma Mam yn dechre gofidio,

'Watsha di beth wi'n ddweud, Dewi,' medde hi, 'y ni fydd nesa. Wyt ti'n meddwl y dylen ni fynd yn *hysterectomy*?'

Bryd arall dyma hi'n dweud wrtha i (fel own i'n cyrraedd adre o rywle neu'i gilydd) fod deinosor wedi bod yn yr ardd.

'Deinosor!' medde fi, 'be' gythrel oedd deinosor yn ei wneud yn yr ardd?'

'Clirio'r cwteri,' medde Mam.

Wnes i byth edrych ar gwmni Dyno-rod yr un fath wedyn.

Ar un adeg wedyn roedd hi'n awyddus i ni gael larwm atal lladron ar dalcen y tŷ. Fe fydde gweld y larwm yn ddigon i gadw darpar-ladron draw, yn ôl Mam.

'Ti'n gweld Dewi, fe fydde fe'n gweithio'n dda fel *detergent*.'

Bryd arall fe ddwedodd ei bod hi wedi prynu *Fly-over* i dorri'r lawnt. Yr hyn oedd hi'n feddwl oedd Flymo!

Roedd Dad hefyd yn foi doniol, ond mewn ffordd dawelach a mwy cynnil. Roedd e'n fachan ffeind iawn, byth yn cwympo mas â neb ac yn casáu rhyfela a brwydro, a fel'ny ydw inne. Fe fydde fe wastad rownd y tai yn siarad â phobol. Eto, fel'ny'n union ydw inne. Ar ôl gwaith fe fydda i'n dweud wrth Rhiannon, y wraig,

'Rwy'n mynd mas nawr i dŷ Barbara,' neu 'Rwy'n mynd i dŷ Greg,' neu 'Rwy'n mynd draw i weld Rhys'.

Nodwedd arall sy'n perthyn i Mam yw ei hoffter o baratoi bwyd i unrhyw un sy'n galw heibio. Ac roedd ciniawau Nadolig Mam yn ddigon i fwydo Treboth yn gyfan. Erbyn hyn mae hi'n treulio Nadolig bob blwyddyn gyda fi a Rhiannon. Ond, wedi i Dad farw, fe fyddwn i'n gwneud yn siŵr y byddwn i gyda hi bob Nadolig. Erbyn amser cinio fe fydde'r bwrdd yn orlawn – twrci neu ŵydd o faint estrys, pob math o lysiau a digon o grefi i sinco'r *Titanic*. Fe fydden ni'n eistedd bob ochr i'r bwrdd whap wedi hanner-dydd ond, gymaint fydde'r saig o'n blaenau ni, fedren ni ddim gweld ein gilydd. Yna, wrth i ni fwyta'n ffordd drwy'r domen o fwyd, fe fydde Mam yn dod i'r golwg yn raddol a finne'n dweud,

'O, Mam, chi sy' 'na?'

Roedd Dad yn grefftwr medrus iawn fel *fitter and turner*. Roedd e'n llawn syniadau a fe wnaeth e' basio llawer o'i syniadau ymlaen i'r cwmni gan arbed miloedd ar filoedd o bunnau iddyn nhw. Ond y cyfan gafodd e' am ei ddyfeisgarwch oedd pumpunt.

Fe ges i fy medyddio yn Dewi Grey Morris, ac am flynyddoedd rown i'n meddwl fy mod i'n ddisgynnydd i rywun enwog iawn. Fe fydden ni'n aml yn mynd am bicnics yn hen Standard 10 Dad. Teithio i Lanwrtyd ac Abergwesyn a llefydd eraill, a phan own i tua phedair oed, dyma ni'n pasio rhyw gofgolofn a finne'n gofyn pwy oedd y ddelw a Mam yn ateb mai Earl Grey oedd e', a'i fod e'n perthyn i ni. Fe arhosodd hyn yn fy meddwl i ac am ugain mlynedd rown i'n credu fy mod i wedi cael fy enwi ar ôl Earl Grey, nes i'r enw godi mewn sgwrs a finne'n brolio'r ffaith fod y dyn enwog hwnnw'n perthyn i ni, a Mam yn dweud wrtha'i am beidio â gwamalu.

'Pwy yn y byd ddwedodd y fath ddwli wrthot ti?'

'Chi, Mam.'

Siom fawr oedd darganfod nad own i'n ddisgynnydd i'r dyn yr enwyd te ar ei ôl. O ochr teulu Mam oedd yr enw Grey wedi dod. Dyna oedd ei chyfenw cyn iddi briodi. Roedd ei thadcu a'i mamgu, Benjamin ac Ann Grey, wedi bod yn cadw'r Glamorgan Arms, tafarn ger Pontlliw. Ond roedd Benjamin yn llwyrymwrthodwr, er ei fod e'n dafarnwr. Ann oedd yn cadw'r dafarn mewn gwirionedd gan fod Benjamin hefyd yn forwr. Roedd tyddyn yn rhan o'r dafarn, a fe fydde Ann, mae'n debyg, yn galw'r gwartheg 'nôl o'r caeau drwy chwythu whisl. Enw'r tyddyn oedd Bryn Telych, llygriad o Bryn Tyle'r Ych. Fe fuodd Ann farw ar enedigaeth fy Mamgu.

Wnes i ddim erioed adnabod rhieni Mam, Henry a Sarah Davies Gray. Mae Mam yn dweud fy mod i'n tynnu ar ôl Henry, a oedd yn adroddwr digri. Un o'i ddarnau doniol e' oedd *The Jew on the Telephone*. Heddiw fe gâi e'i gyhuddo o fod yn hiliol, mae'n debyg. Yn y Neuadd Gyhoeddus fe wnaeth e' wneud i ryw fenyw yn y rhes flaen chwerthin gymaint fel iddi wlychu ei hunan. Wrth iddi ruthro tua'r tŷ bach fe waeddodd Henry o'r llwyfan,

'Wo! Mae llifogydd mawr ar y ffordd!'

Pan own nhw'n caru, fe enillodd Henry a Sarah gadair Eisteddfod rhyngddyn nhw, peth anarferol iawn. Ond fe gyhoeddodd Henry,

'Mae'n iawn i ni ei siario hi gan y byddwn ni'n briod cyn hir.'

Rwy'n cofio rhieni Dad, sef Defi a Harriet Morris, yn dda. Dadcu a Nain fyddwn i'n eu galw nhw. Pam Nain, wn i ddim, gan mai Hwntw oedd hi. Fe fydde Dadcu yn gofalu am yr YMCA ac yn pwmpio'r peli ar nos Wener ar gyfer gêm bêl-droed y diwrnod wedyn. Roedd e'n cadw moch hefyd ac yn casglu'r swil yn y fan.

Dadcu wnaeth ddweud wrtha i am Wil Drwm Gachu. Fe fydde Wil yn mynd o gwmpas Tir Deunaw a Chaersalem i gasglu'r caca rownd y tai ar gyfer y gerddi ac yn ei gario mewn drwm enfawr. Un noson, yng ngolau'r lamp nwy, dyma Dadcu yn pasio ac yn gweld Wil yn gwthio'i fraich hyd ei ysgwydd i ganol y caca.

'Be' gythrel 'ti'n neud, Wil?' gofynnodd Dadcu.

'Mae nghot i wedi cwmpo mewn,' medde Wil.

'Ond alli di ddim gwisgo dy got ar ôl iddi fod mewn fanna,' medde Dadcu.

'Sdim ots 'da fi am y got,' meddai Wil, 'ond mae'n sandwidjus i yn y boced dde.'

Fe fydde Dadcu yn dod gyda ni weithiau pan fydden ni'n mynd i Lanwrtyd. Mae 'na stori amdano fe, pan wnaethon ni stopio unwaith yn y Cawdor yn Llandeilo i gael cinio. Dyma Dadcu yn gofyn i'r fenyw oedd yn gweini faint oedd y grefi a honno'n ateb fod y grefi yn dod am ddim gyda'r cinio. Dyma Dadcu yn gofyn nesa faint oedd y bara. Yr un ateb eto – dim byd, roedd e'n dod gyda'r cinio.

'Iawn,' medde Dadcu, 'fe ga'i fara a grefi.'

Bryd arall roedden ni wedi mynd ar goll ac yn methu â ffeindio'r ffordd i Lanymddyfri. Dyma Dadcu yn agor ffenest y car ac yn gweiddi ar rywun ar ochr yr hewl,

'O-o-o-i! P'un yw'r ffordd i Landyfri?'

Fe gafodd e' bregeth gan Mam am fod mor ddifanars wrth weiddi 'O-o-o-i!' Fe ddyle fe, medde mam, ddweud 'esgusodwch fi'. Y tro nesa aethon ni ar goll dyma Dadcu yn gweiddi ar rywun eto,

'O-o-o-i! Esgusodwch fi, ond p'un yw'r ffordd i Lanwrtyd?'

Roedd Nain hefyd yn gymeriad. Yr unig reswm pam fyddwn i'n edrych ymlaen i fynd i'r capel gyda'r nos oedd y saig fydde'n fy nisgwyl i yng nghartref Nain – bacwn, ŵy, sosejus a tships cyn mynd i'r capel. Roedd Nain yn fenyw fach annwyl iawn ac yn fodlon rhoi popeth i ni. Fe fydde Dadcu yn dweud yn aml, petawn i'n gofyn i Nain am y lleuad y bydde hi'n gweiddi arno fe, Dadcu,

'Defi, cer mas i nôl yr ysgol.'

Fuodd hi farw ar y galeri ar ganol yr *Hallelujah Chorus*

yng nghapel Caersalem. A dyna pryd dorrodd Dadcu. Roedd e'n eistedd gyferbyn â hi gyda'r dynion, ac wrth iddo fe fynd draw ati, roedd e' i weld yn torri o flaen eu llygaid. Fuodd e' ddim byw yn hir iawn wedyn.

Dadcu wnaeth fy nysgu i gynta i chware pêl-droed. Roedd Dad hefyd yn dipyn o gampwr. Roedd e'n chwaraewr hoci da, a fe wnaeth ei frawd, Wncwl Ash – Ashley Morris – gynrychioli Cymru gan ennill pymtheg o gapiau. Ond roedd gan Dad ei feddwl ei hunan; roedd ganddo fe ormod i'w ddweud, a fydde fe byth yn fodlon plygu. Dyna pam na chafodd e' chware dros Gymru, rwy'n siŵr. Ond fe wnaeth e' chware criced dros yr *MCC*, hynny yw, Morriston Cricket Club.

Roedd e'n teimlo'n falch iawn unwaith wedi i'r *Evening Post* ddweud mewn adroddiad ar gêm hoci: *Midfield general Glan Morris played a blinder of a match.* Ac yntau'n wyth a deugain oed ar y pryd!

Fe gafodd Dad anaf drwg un tro wrth chware hoci pan drawodd y bêl e' ar ei wefus uchaf. Fe holltwyd ei wefus a fe ddaeth ei ddannedd e' mas drwy'r cnawd. Dyna pam wnaeth e' wedyn dyfu mwstash, fel bod y blew yn cuddio'r graith. Fe fuodd e' farw'n ifanc o'r cancr, ymron chwarter canrif yn ôl, ac mae gen i atgofion cynnes iawn amdano. Rwy'n credu i fi etifeddu'r hiwmor mwy cynnil oddi wrth Dad. Ond yn sicr fe wnes i etifeddu'r dwli a'r chware amboitu oddi wrth Mam.

Rwy'n cofio chware criced gyda'r Ysgol Sul ar y traeth unwaith a chael hwyl fawr arni. Rown nhw'n methu'n lân â nghael i mas. Yr unig ffordd gawson nhw wared ohona'i oedd drwy gafflo. Do, fe wnaethon nhw gafflo, hyd yn oed y diaconiaid, a Dad yn eu plith nhw. Byth oddi ar hynny dwi ddim wedi trysto pobol grefyddol.

Fe fyddwn i'n mynd hefyd i'r clwb ieuenctid yn yr YMCA yn Nhir Deunaw lle byddwn i'n ymarfer bocsio, a rwy'n cofio'r ffeit gynta ges i pan own i tua unarddeg oed. I mewn â fi i'r sgwâr yn gwisgo'r menyg mawr yma a mynd drwy'r dril, y *right hook*, y *left hook* a'r *uppercut*. Rown i'n gwneud yn dda. Yna, yn sydyn, dyma fachan arall yn neidio i mewn i'r sgwâr a bwrodd e' fi mas. Wnes i byth focsio wedyn chwaith.

Yn y dyddiau cynnar fe fyddwn i wrth fy modd yn gwisgo shorts. Ac un o'r atgofion cynta sydd gen i yw disgwyl am y bws am Ysgol Lôn Las a theimlo gwres haul y bore ar fy nghoesau. Mae hwnna wedi glynu yn fy nghof i hyd heddiw.

Ar wahân i Dad, y dylanwad mawr arall arna'i oedd Huw Phillips, athro ac wedyn Prifathro Lôn Las. Yn yr ysgol, nid athro a Phrifathro yn unig oedd e', roedd Mr Phillips hefyd yn arwr. Ef wnaeth fy nysgu i i chware criced a phêl-droed. Roedden ni'r bechgyn hyd yn oed yn cael chware *shinty*, gêm Wyddelig sy'n rhyw gyfuniad o hoci a *hurling*. Fe wnaeth Mr Phillips ffeindio ffyn *shinty* yn yr ysgol a fe fydde fe'n rhoi dewis i ni weithiau rhwng *shinty* a phêl-droed. Yn aml fe fyddwn i'n dewis *shinty*. Fe wydde Mr Phillips fod Dad yn dipyn o chwaraewr hoci a bod gen inne ddiddordeb yn y gêm hefyd. Roedd hyn yn nodweddiadol o Mr Phillips, fe fydde fe'n rhoi cyfle i ni ymhob maes posib.

Rown i'n rhedwr cyflym eitha da – yn wibiwr – er na wnaeth hynny ddatblygu nes own i yn yr ysgol uwchradd. Unwaith wrth redeg fe wnes i anghofio stopio a fe wnes i redeg mewn i wal, a dyna'r tro cynta i fi gael fy nghnocio mas.

Un bonws mawr i ni yn yr ysgol bob prynhawn dydd Gwener fydde cael cyfle i bwyso ein breichiau ar y desgiau a gorffwys ein pennau ar ein dwylo, tra bo ni'n gwrando ar Mr Phillips yn darllen stori mas o *Storïau Awr Hamdden*. Roedd hyn fel cael ein tywys i blaned arall. Roedd e'n medru ein cyfareddu ni wrth ddarllen. stori.

Un diwrnod roedd e'n darllen hanes Bendigeidfran, a finne wrth fy modd gan fy mod i wedi darllen yr hanes adre gyda Mam. A dyma Mr Phillips yn gofyn pwy oedd Bendigeidfran? Dyma fi'n codi fy llaw yn eiddgar o flaen pawb, ar dân am gael dangos fy ngwybodaeth. Ond am tua pum munud fe wnaeth e' f'anwybyddu i tra oedd e'n holi plant eraill. Rown i bron iawn yn neidio lan a lawr wrth geisio tynnu ei sylw. O'r diwedd dyma fe'n gwenu ac yn troi ata i a dweud,

'Wel, rwy'n credu falle fod Dewi'n gwybod yr ateb.'

A dyna ryddhad. Roedd y pum munud yna o aros yn teimlo fel awr. Roedd Huw yn dipyn o dynnwr coes. Fe wydde fe 'mod i'n gwybod yr ateb ond roedd e' am fy nysgu fod amynedd yn bwysig.

Fe ddylwn i ddweud rhyw air bach am Dreboth, mae'n debyg, neu am Dreboeth, i roi iddo'i enw cywir. Fe fydden ni blant yn galw'r lle yn Hotton, hynny yw, 'Hot Town'. Mae Treboeth yng nghyffiniau Abertawe, heb fod ymhell o Dir Deunaw a Chaersalem, cyn cyrraedd Llangyfelach. Lan yr hewl roedd ardal lofaol Mynydd Bach. Oedd, roedd hi'n ardal Gymraeg pan own i'n grwt ond eisoes yn dechrau troi. Roedd tua ugain o blant yno, a'r rheiny oedd yn siarad Cymraeg yn dueddol o fynd i Ysgol Lôn Las. Fe fydde'r genhedlaeth hŷn bron iawn i gyd yn siarad Cymraeg, pobol fel Anti Bess drws nesa.

Rwy'n cofio stori dda am Anti Bess. Roedd menyw o Lanwrtyd wedi marw, menyw oedd yn ffrindiau mawr â'n teulu ni a fe fydden ni'n aros gyda hi ar wyliau. Roedd hi'n cadw moch a roedd gan y teulu Land Rover – rwy'n cofio cymaint â hynny. Fe ddaethpwyd â'i chorff hi lawr i'r capel gorffwys yn Nhreforys i orwedd cyn mynd â hi ymlaen i'r amlosgfa. Ond cyn hynny fe ddaethpwyd â hi i'n tŷ ni i orwedd mewn arch agored fel y gallai ffrindiau droi i mewn i dalu'r deyrnged olaf iddi. Roedd yr arch yn pwyso ar drestl a phan edrychodd Mam roedd llygaid y fenyw'n agor yn araf o'i blaen hi. Roedd hi'n edrych fel petai hi'n gwenu ac yn chwysu ar yr un pryd. Fe aeth Mam i banig a galw ar Anti Bess drws nesa ac ar Anti Dot o'r ochr arall i'r hewl a gweiddi fod y corff yn dod yn fyw. Rhedodd Anti Bess fewn â phrocer yn ei llaw. Pa help fydde'r procer, Duw a ŵyr. Fe fu'n rhaid i Mam ffonio'r ymgymerwr, Glyn Morris, a oedd yn gefnder iddi. (Roedd e'n cael ei adnabod, gyda llaw, fel Glyn Cysgod Angau.) Lawr ag e' ar frys gwyllt, a phan welodd e'r corff fe fu'n rhaid iddo fe chwerthin. Y cyfan oedd yn bod oedd fod y corff, ar ôl bod mewn rhewgell yn y capel gorffwys, wedi dechrau dadmer a llacio.

I Gapel Moriah y byddwn i'n mynd. Roedd nifer o gapeli yn yr ardal ond roedd rhyw gythraul enwadol yn bodoli. Fyddai pobol Moriah ddim yn cymysgu â Chaersalem a phobol Caersalem ddim yn cymysgu â phobol Llangyfelach ac yn y blaen. Fedrwn i ddim deall, yn fy niniweidrwydd, pam na allai pawb gytuno a mynd i'r un capel. A dyna reswm arall pam nad ydw i'n grefyddwr mawr hyd heddiw.

Yn y gwasanaeth nos, dim ond rhyw ddau neu dri o blant fyddai yno, lan ar y galeri lle bydden ni'n cynnal cystadleuaeth cnecu, neu dorri gwynt. Hynny yw, pwy oedd yn medru cnecu fwyaf ar ôl y cinio dydd Sul. Ychydig iawn o sylw a gâi'r bregeth.

Yn yr Ysgol Sul, Anti Annie oedd yn ein dysgu ni. Ond yn nosbarth yr oedolion fydde'r hwyl, a Mam, wrth gwrs, yn eu plith. Fe fu trafodaeth fawr un prynhawn ar p'un ai ysbryd neu ddyn oedd y diafol, a phawb, bron, yn cytuno mai ysbryd oedd e'. Pawb ond Anti Addie. Roedd hi'n mynnu mai dyn oedd e'.

'Pam?' gofynnodd yr athro.

'Am fy mod i yn ei nabod e'n dda, a wedi byw gydag e' am flynyddoedd,' medde Anti Addie.

Fe fu trafodaeth wedyn ar ffrwyth y pren yn Eden. Y cwestiwn mawr oedd, beth oedd yr afal? Roedd Anti Sal, a oedd yn fodryb i Rhydderch Jones, yn mynnu mai cyn-rychioli'r cnawd oedd yr afal.

'Wel ie, da iawn, ond dewch â syniad arall,' medde'r athro.

'Rhyw fath o demtasiwn, ymgnawdoliad o holl dem-tasiynau'r byd,' medde un arall.

'Ie, da iawn wir.'

Yna fe ofynnodd yr athro am farn Anti Addie. Beth oedd hi'n feddwl oedd yr afal?

Fe ddaeth yr ateb yn blwmp ac yn blaen.

'Wi'n meddwl mai Golden Delicious oedd e'.'

O fyw mewn cymdeithas gymysg o ran iaith, roedd y gymysgedd yn Nhreboth yn cael ei adlewyrchu yn y ffordd y bydden ni'n siarad. Yn ein plith roedd rhai nad oedd yn siarad gair o Gymraeg, rhai fel Dudley Sinnett ac Anthony Thomas. Wrth siarad â'r rheiny y byddwn i'n cael problem. Yn ôl Mam fe wnes i, wrth weld Dudley yn cydio mewn morthwyl, ddweud wrtho fe,

'*Don't pick that* myrthyl *up, it's too* trym *for you.*' Mae'n debyg i fi ddweud hefyd, '*My mother's gone to put the* bara *in the* ffyrn.'

Mae f'atgofion i o ddyddiau plentyndod yn ymddangos yn bytiog a di-drefn. Un gêm fydden ni'n chware fydde neidio o'r cwar, neu'r chwarel, lawr i'r gwaelod. Y cwar, mae'n debyg, roddodd ei henw i'n stryd ni. Ond pam New Quarr Road? Fe fydde New Quarry Road yn gwneud mwy o synnwyr. Beth bynnag, fe fydden ni'n mynd i'r cwar a fe fydden ni'n dechre drwy neidio tua dwy droedfedd ac yna'n herio'n gilydd i fynd yn uwch ac yn uwch nes i un ohonon ni yn y diwedd dorri ei goes. Chawson ni byth chware yn y cwar wedyn.

Mae ambell atgof yn aros fel darluniau yn unig. Un flwyddyn fe gawson ni eira mawr, a dyna pryd wnes i sylwi ar eira am y tro cyntaf. Dyna pryd wnes i ddechre gwerthfawrogi'r tawelwch sy'n dod yn sgîl y stwff oer, gwyn. Ni oedd â'r set deledu gynta yn y stryd, a'r flwyddyn honno fe ddaeth y stryd gyfan i mewn i'n tŷ ni i fwyta brechdanau ac i weld Coroniad y Frenhines ar y set deledu fawr yma a oedd fel wardrob. Mae'n rhaid, felly, mai 1953 oedd hi a finne'n bump oed. Doedden ni ddim yn frenhinwyr o gwbwl, rhywbeth cymdeithasol oedd e' i ni, achlysur i gael pobol at ei gilydd i fwynhau.

O'r dechrau fe fu'r Urdd yn bwysig i fi. Yng nghyfarfodydd yr Urdd yn yr ysgol, Miss Thomas oedd yn ein cymryd ni. Un diwrnod mae'n rhaid iddi fod yn gwisgo blows eitha isel gan i fi, yn ôl Mam, ddod adre a dweud,

'Mam, mae Miss Thomas â dau dosyn, a chrac yn y cenol.'

Tosyn i ni yw ploryn neu pimpl.

Rown i yn y band taro yn yr ysgol ac yn chware'r drwm. Yn y dosbarth roedd Hywel Mathews, a bob amser fe fydde streipen fawr werdd yn dod lawr o'i drwyn at ei wefus uchaf. Fe fyddwn i'n cael fy mesmereiddio gan hyn. Fedrwn i ddim tynnu fy llygaid oddi wrtho fe wrth weld y diferion yma'n dripian lawr a lawr, bron at dop ei wefus. Yna, yn sydyn, fe fydde fe'n sniffan, a'r streipen yma'n diflannu 'nôl lan ei drwyn e', jyst fel io-io. Fe fyddwn i'n eistedd yno am oriau jyst yn gwylio hyn yn digwydd.

Fy nghariad cynta i yn yr ysgol oedd Angela Bowen. Roedd Roger Jenkins yn fy nosbarth i a rown i'n ei gasáu fe. Pam? Am fod Angela Bowen yn ei leicio fe yn fwy nag oedd hi yn fy leicio i. Fe wnes i fy ngorau i'w hennill hi, hyd yn oed cribo fy ngwallt mewn *quiff*. Ond doedd e' ddim yn gweithio. Cariad arall wedyn oedd Nesta Hoskins a wedyn, lawer yn ddiweddarach, Ruth Williams. Fe gwympais i mewn cariad â Ruth ar y bws i Ysgol Dinefwr.

Un pwnc own i'n ei gasáu oedd syms gyda Miss Evans. Roedd hi'n fenyw neis ond fedrwn i ddim meistroli syms. Mae hyn yn wir o hyd. Mae yna'r fath beth â *dyslexia* geiriol. *Dyslexia* rhifyddol oedd fy mhroblem i ac rwy'n dal i ddioddef ohono fe.

Un peth fyddwn i'n ei hoffi'n fawr pan yn grwt oedd teimlad rhisgl coed. Fe fydden ni fel teulu yn mynd mas i'r wlad yn aml – at lan Cronfa Lliw, er enghraifft, lle byddwn i'n dringo coed byth a hefyd ac wrth fy modd yn anwesu'r rhisgl llyfn. Yng Nglan y Fferi wedyn fe wnes i ddisgyn oddi ar siglen a thorri mraich. Fe aeth Dad â fi at y doctor ac wrth i'r doctor blygu'r fraich 'nôl i'w lle fe ffeintiodd Dad. Fi wnaeth ddiodde'r boen ond Dad wnaeth ffeintio. Rown i yn iawn.

Dro arall yng Nglan y Fferi fe ges i wisg nofio newydd er mwyn mynd i'r môr, un wlân. Unwaith oeddwn i yn y dŵr dyma'r *bathers* yn ymestyn, a finne'n gorfod eu dal nhw lan rhag ofn y gwnâi pethe cudd ddod i'r golwg. Rwy'n dal i gofio'r rheiny, *bathers* mawr glas. Mae'n rhaid fy mod i'n edrych yn dipyn o Wali.

Ein hoff ardal ni ar gyfer gwyliau fyddai Llanwrtyd, lle bydden ni'n aros gyda Mrs Price, Crwys neu gyda Mrs Williams, Arosfa. A fan'ny wnes i weld banana am y tro cynta. Yno y gwnes i hefyd ddysgu marchogaeth gyda Rhys Llew. Roedd e'n briod â Plenna, oedd â rownd laeth. Ef oedd fy arwr i yn Llanwrtyd, coesau mawr hir ganddo fe, sgidiau uchel mawr du a het ar ei ben. I fi, roedd Rhys Llew yn gowboi go iawn. Fe fydde fe'n marchogaeth drwy eistedd ar ochr y cyfrwy. Ac fel hynny ddysges inne farchogaeth. Unwaith ar daith ferlota fe wnaeth rhyw Americanes ofyn cyngor Rhys Llew ar sut oedd bod yn farchoges dda. Ateb Rhys Llew oedd,

'*Well, madam, keep your knees tight, your bowels open and trust in the Lord.*'

Weithiau fe fydden ni'n mynd i aros gyda theulu Lloyd yng Nghastellcoed ger Chwilog yn Eifionydd. Gwyliau bach syml fydde'r rheiny; cymryd diwrnod cyfan i yrru lan a chael cyfle i hel shrwmps, neu fadarch, ond prif weithgaredd y gwyliau fydde eu helpu nhw gyda'r gwair gan ddefnyddio ceffyl a chert. Wedyn saib bach, a Mrs Lloyd yn dod mas â photel o bop i fi a seidir i'r dynion. Roedd hynna'n well na Butlins i fi. Mae'r cyfan yn perthyn i oes a fu gydag arferion na ddaw byth yn ôl.

Yng Nghastellcoed welais i am y tro cynta fuwch yn geni llo drwy enedigaeth o chwith, neu *breech birth.* Yno hefyd, wrth ddysgu pysgota, y cydiodd bachyn o dan fy ngewin, a dyna un o'r profiadau gwaethaf ges i erioed. Gorfod rhedeg tua thair milltir a'r bachyn yn brathu. Ac wrth gwrs, dyma Dad yn ffeintio.

Yn byw gyferbyn â ni yn Nhreboth roedd Granville Gower. Granville wnaeth fy nysgu i bysgota. Ef wnaeth fy nysgu hefyd i glymu plu, a fe fyddwn i wedyn yn eu gwerthu nhw i athrawon a disgyblion yn yr ysgol. Fe fuodd Granville yn gweithio i gwmni Typhoo Tea ac wedyn i Fray Bentos, a'i gyngor e' i fi wastod oedd,

'Cofia gadw dy ewinedd yn lân.'

Pam? Ddwedodd e' ddim, ond fe wnes i ddilyn ei gyngor e'. Rwy' wedi gwneud hynny hyd y dydd heddiw.

Fe fyddwn i'n mynd gydag e' i bysgota i Felinwen ger Caerfyrddin ac yno yn yr afon y gwasgarwyd ei lwch.

Un a fydde'n galw yn aml yn ein tŷ oedd y dramodydd a'r sylwebydd Eic Davies. Rwy'n cofio Mam yn dweud y bydde Eic, adeg y Rhyfel pan fydde'r blacowt yng Ngwaun Cae Gurwen lle'r oedd e'n byw, yn dod lawr i'n tŷ ni yn y gobaith y bydde golau gyda ni. Yna, pan âi'r golau bant yn tŷ ni, fe fydde fe'n mynd adre gan obeithio erbyn hynny y bydde'r golau 'nôl yn y Waun. Un o'm ffrindiau i ers blynyddoedd yw Huw Llywelyn Davies, mab Eic.

Un arall dwi'n gofio'n dda yw Wncwl Dave, adeiladydd oedd yn byw lawr yr hewl. Fe fydde fe'n galw ac yn dweud yn gwta, *'Cup o' tea'*. Dyna'i gyd. Ac mae'n rhaid fy mod i, pan yn grwt, yn fachan ffeind. Wedi tyfu i fod yn fachan cas ydw i. Roedd Wncwl Dave yn byw ar un ochr o'r stryd a thai'n cael eu codi ar yr ochr chwith. Roedd cannoedd o frics ar yr ochr chwith a dyma fi'n meddwl fod hyn yn annheg, felly fe ges i help plant eraill i symud hanner y brics oddi wrth yr adeiladydd arall a'i gadael nhw wrth gartref Wncwl Dave. Fe fuon ni wrthi drwy'r nos, a'r bore wedyn. Roedd y bachan ar draws y ffordd yn cyhuddo Wncwl Dave o ddwyn ei frics, ond fi oedd yn gyfrifol wrth i fi geisio bod yn Gristion bach da.

Ar Wncwl Dave oedd y bai hefyd am i fi roi'r gorau i fwyta uwd. Fe ddaeth e' i'r tŷ un bore a ngweld i yn bwyta llond basin o uwd.

'Beth uffarn ti'n fyta,' medde fe, 'maen nhw'n iwso'r stwff 'na i hongian papur ar y wal.'

Wnes i byth fwyta uwd wedyn.

Arwr mawr arall i fi oedd Wncwl Jac drws nesa, gŵr Anti Dot. Dyna'r dyn cynta welais i erioed yn siafio'i ben. Roedd e'n mynd yn foel a'i ateb e' oedd siafio'i ben â rasel drydan. Flynyddoedd yn ddiweddarach, fe wnes i'r un peth fy hunan.

Cymeriad mawr arall oedd Doctor Lewis. Roedd e'n ddoctor teulu o'i ben i'w draed. Un diwrnod dyma fe'n stopio'i gar wrth yr arosfan lle'r oedd ciw o bobol yn disgwyl y bws, yn agor y ffenest ac yn gweiddi ar ryw hen wraig, a honno'n meddwl ei bod hi'n mynd i gael lifft gydag e' i'r dre. Ond na, y cyfan wnaeth y doctor oedd gofyn iddi yn uchel o flaen pawb,

'Shwd ma'ch peils chi heddi, bach? Odi'r eli wedi gweithio?'

A bant ag e'.

PERLAU PWS

Pan gafodd Dewi ei eni roedd e' ymron yn wyth pwys. Dwi ddim yn cofio'r enedigaeth. Rown i'n anymwybodol. Dyna'r unig adeg ges i lonydd gan Dewi.

O'r dechrau roedd e'n ddrygionus. Roedd e'n cael arian poced fel pob crwt arall ond fe fydde fe'n mynd at gymdogion a dweud fod Glan a finne yn gwrthod rhoi arian iddo fe. Ac, wrth gwrs, fe fydde fe'n cael arian gan y cymdogion wedyn.

Un tro pan oedden ni ar ein gwyliau yn Llanwrtyd fe ddaeth rhyw ddyn i'r drws i ofyn a oedd 'na grwt bach yn aros yno.

'Oes,' medde fi, 'be' mae e' wedi'i wneud nawr?'

'Mae e' wedi boddi Llanwrtyd mewn llaeth,' medde fe.

Beth oedd wedi digwydd oedd fod y dyn llaeth yn mynd o gwmpas y pentre yn cario llond stên o ddrws i ddrws. Fe fydde fe'n llenwi'r stên o'r tshyrn fawr oedd ar ei gart y tu ôl i'r ceffyl. Ond roedd Dewi, wrth i'r dyn droi ei gefn, wedi agor y tap llaeth a gollwng y cyfan i lifo lawr yr hewl.

Roedd e'r un mor ddrygionus ar ôl tyfu lan. Un dydd ŷn y tŷ, a finne'n glanhau lan llofft, fe glywais i fflap y bocs llythyron yn cau ac yn agor dro ar ôl tro. Fe wnes i edrych lawr o'r landing a dyna lle'r oedd Dewi yn eistedd ar waelod y staer yn gwylio'r papur newydd yn cael ei wthio i mewn. Ond bob tro y gwnâi'r dyn papurau wthio'r papur i mewn, fe fydde

Dewi yn ei wthio fe mas. O'r diwedd fe ganodd y dyn y gloch a fe redodd Dewi bant. Fe agorais i'r drws a dyma'r dyn yn gwthio'r papur i'm llaw i.

'Sori, Mrs Morris,' medde fe, 'ond mae'n rhaid fod sbring y fflap llythyron yn rhy gryf. Mae e'n gwthio'r papur 'nôl bob tro.'

Un diwrnod hefyd fe ganodd cloch y drws a fe wnaeth Dewi ateb. Y dyn glanhau ffenestri oedd yno.

'Ffenestri!' medde'r dyn.

'Dim diolch,' medde Dewi, 'mae rhai gyda ni,' gan gau'r drws yn ei wyneb.

Bryd arall fe alwodd y dyn llaeth i gasglu ei arian. Dewi wnaeth ateb y drws.

'Ie,' medde Dewi, 'beth alla'i wneud i chi?'

'Llaeth,' medde'r dyn.

'Dy'n ni ddim yn gwerthu llaeth,' medde Dewi, gan gau'r drws yn ei wyneb.

Fe ganodd y dyn llaeth y gloch eto, a Dewi unwaith eto yn agor y drws.

'D'ych chi ddim yn deall,' medde'r dyn, 'eisiau arian am laeth ydw i.'

'Sori,' medde Dewi. 'Ond fedrwn ni ddim fforddio talu am ein llaeth ein hunain heb sôn am dalu am eich llaeth chi.'

Ac am yr eilwaith fe gaeodd Dewi'r drws yn glep yn wyneb y dyn, druan.

Dyw Dewi ddim wedi colli ei natur ddrygionus. Mae natur y plentyn direidus yn dal ynddo fe. Ond ar ôl dweud hynny, mae e'n fab da. Mae e'n gwybod fy mod i'n poeni amdano pan fydd e' ar deithiau mewn gwahanol rannau o'r byd. Does dim un diwrnod yn mynd heibio heb iddo ffonio. Fedrai'r un fam yn y byd gael gwell mab.

MRS RAY MORRIS

Am gyfnod, fi oedd athro dosbarth Dewi yn Ysgol Lôn Las ac un peth fedra'i gofio amdano yw iddo gael ei ddanfon droeon o flaen y Brifathrawes. Nid ei fod e'n ddrwg – yn ddireidus oedd e'. Rhwng gwersi fe fyddem ni, athrawon, yn cael dishgled yn stafell y Brifathrawes. Yno hefyd fyddai stafell yr athrawon a fe fyddem yn gweld y plant a gâi eu danfon i'w disgyblu o flaen Miss Evans.

Roedd Miss Evans, y Brifathrawes, ag enw fel disgyblydd llym. Teg, ond llym. Ond dim ond dau ddisgybl yn yr holl ysgol fedrai wneud i Miss Evans wenu wrth iddi eu ceryddu, Peter Edwards, bachgen â gwallt golau a oedd yn un o'r dosbarthiadau iau, a Dewi. Pan fyddai Miss Evans yn gofyn am esboniad am ryw ddrygioni neu'i gilydd fe fyddai Dewi yn dweud rhywbeth doniol, yn gwbl gwrtais ond yn ddoniol. A Miss Evans yn gorfod cuddio'i hwyneb rhag i Dewi sylweddoli ei bod hi'n gwenu.

Wrth edrych 'nôl dros hanner canrif mae'n amhosib meddwl am unrhyw arwyddion a fyddai'n proffwydo y byddai Dewi yn seren. Ond rwy'n cofio'n dda y newid a ddaeth drosto pan ddechreuodd e' ddarllen. Fe fyddai ar goll mewn rhyw lyfr neu'i gilydd byth a hefyd. Ar un o ymweliadau Aelwyd yr ysgol ag un o Eisteddfodau'r Urdd yn y Gogledd, a ninnau wedi stopio am fwyd yn Llandrindod – roedd Dewi yn chwarae yn y band taro – roedd yr athrawes a oedd yng ngofal yr Aelwyd, Miss Sylvia Thomas, wrthi yn ceisio gwneud yn siŵr fod pawb 'nôl ar y bws drwy alw enwau'r plant. Pan alwodd hi enw Dewi, doedd dim ateb. Fe ofynnodd Miss Thomas a oedd unrhyw un wedi gweld Dewi Grey Morris. Neb yn ateb. Pan gyrhaeddodd Miss Thomas y sedd gefn, yno roedd Dewi ar goll mewn llyfr. Doedd e' ddim wedi clywed yr un gair.

Peth arall nodweddiadol amdano oedd na fyddai byth yn llonydd, bob amser yn symud o un droed i'r llall. Fyddai ei ddwy droed byth ar y ddaear gyda'i gilydd. Un dydd fe ddwedais i wrtho am sefyll yn llonydd gan fod Duw wedi rhoi dwy droed iddo. A'i ateb e' oedd,

'Rwy'n gwybod. Da yw Duw i bawb – ond i fi a John 'y mrawd, Mr Phillips.'

Yn ogystal â bod yn athro a Phrifathro yn Lôn Las fe fyddwn i hefyd yn cyfrannu i'r rhaglen radio 'Byd y Bêl'. Yr arbenigwr ar hoci fyddai Glan, tad Dewi. Fe wnes i fynd i Dreboeth i holi Glan ar gyfer y rhaglen, a hynny ar y noson wedi i Dewi basio'i brawf car. Tra rown i yno fe ofynnodd Dewi i'w dad am fenthyg y car.

'Iawn,' medde Glan, 'ond mae angen mwy o oel arno fe. Mae'r oel mewn potel ar silff yn y garej.'

Tua hanner awr yn ddiweddarach roedd Dewi ar y ffôn, o rywle yn ochrau Trimsaran, yn dweud wrth ei dad fod rhywbeth o'i le ar y car. Doedd yr injan ddim yn tanio'n iawn ac, o agor y bonet, roedd e' wedi gweld fod yr injan wedi'i chuddio gan swigod ac ewyn gwyn.

Fe sylweddolodd Glan, o fynd allan i'r garej fod y botel oel yn dal ar y silff. Roedd Dewi wedi arllwys llond potel o 'Dettol' i'r injan...

HUW PHILLIPS

Merthyr Cynta Treboth

Rwy wedi disgrifio fy hun erioed fel unig blentyn Glan a Ray Morris. Ond y gwir amdani yw mai fi oedd eu hail blentyn. Wyddwn i ddim nes i fi adael Ysgol Lôn Las a mynd i Ysgol Uwchradd Dinefwr fod gen i chwaer.

Un dydd rown i wrthi'n chwilota mewn dror pan ddes i ar draws llun baban bach. Fe wnes i ofyn i Mam pwy oedd y plentyn. Wnaeth hi ddim ateb am sbel ond yna dyma hi'n dweud yn dawel,

'Dy chwaer di.'

Fe wnes i chwerthin. Rown i mor gyfarwydd â chael tynnu fy nghoes gan Mam fel i fi feddwl mai jocan oedd hi eto. Ond na, roedd hi'n amlwg o ddifri.

'Ond does gen i ddim chwaer. Na brawd chwaith.'

'Fe fuodd gen ti chwaer unwaith.'

Fe wnes i sylweddoli fod Mam o dan deimlad ond rown i am wybod mwy.

'Ble mae hi, Mam?'

A dyma Mam yn ateb yn drist ei bod hi wedi marw.

Do, fe anwyd merch i Mam a Dad. Heulwen oedd ei henw hi. Pan oedd hi ond yn bedwar-mis-ar-ddeg fe drawyd ardal Abertawe gan haint llid yr ymennydd a Heulwen oedd y plentyn cynta i'w ddal. Yn wahanol i rai o'r plant, a wnaeth wella o'r haint, fe fu Heulwen farw. Roedd Mam wedi bwriadu cadw'i bodolaeth hi oddi wrtha'i tra bo fi'n ifanc rhag i fi gael fy mrifo.

Rwy wedi meddwl llawer wedyn sut fydde pethe petai gen i chwaer. Fe fyddwn i wedi hoffi cael brawd neu chwaer, yn arbennig brawd fel y gallwn i chware pêl-droed a rygbi gydag e'. Ond fel y digwyddodd pethe, roedd Dad yn union fel brawd i fi beth bynnag, yn enwedig lle'r oedd chwaraeon yn y cwestiwn.

Doedd gen i fawr o ddiddordeb mewn gwersi ffurfiol yn yr ysgol fawr. Un tro mewn gwers gwaith coed fe luniais i fforc dostio. Fe losgodd hi. Fe ddylwn i, wrth gwrs, fod wedi'i llunio hi o fetel yn y wers gwaith metel.

Fe wnes i grynhoi'r profiad o fod yn Ysgol Dinefwr flynyddoedd wedyn mewn rhigwm bach i blant, 'Dost Ofnadwy':

> Wy'n teimlo'n dost ofnadwy,
> Ma' 'mhen i'n troi fel top,
> Mae'n stumog i'n gwasgu'n galed
> Ac mae'r sŵn yn 'y nghlust yn ddi-stop.
>
> Mae'n llygaid i'n rolio rownd a rownd,
> Ma'n nhrwyn i'n troi yn llwyd,
> Mae nghoese'n crynu fel deilen –
> A plîs peidiwch sôn am fwyd!
>
> Ma'r gwely 'ma'n boeth un funud
> A'r nesa mae'n troi yn oer,
> Mae nghalon i'n rhedeg fel injan dân
> A nannedd i'n dripian poer.
>
> Ond yna mi glywaf y ffôn lawr llawr
> A llais fy mam o bell –
> 'Mae'r arholiad wedi'i ganslo!'
> 'HEI, MAM, WY'N TEIMLO'N WELL!'

Tra own i yn Ysgol Dinefwr fe ddaeth 'na fachan heibio un diwrnod i hybu swyddi mewn *'chartered accountancy'*. Fe gododd e' dipyn o ddiddordeb ynddo i a fe ges i fynd am gyfweliad. Ar ôl cymryd gwahanol fanylion fe ofynnodd e' i fi pam own i am fod yn *'chartered accountant'*. Fy ateb i oedd, 'Er mwyn cael gadael yr ysgol, gwneud lot o arian a chysgu gyda lot o fenywod.' Roedd tri o bobol ar y panel a fe wnaethon nhw i gyd chwerthin, ond ches i byth mo'r job.

Yr unig beth o werth wnes i ei ddysgu yn Ysgol Dinefwr oedd sut i chware'r gitâr. Bachan o'r enw Alan Thomas wnaeth fy nysgu i, ac ar yr un pryd fe ddysgodd e' ei frawd hefyd – Tony, a oedd yn ffrind i fi. Roedd Alan wedi bod yn chware fel gitarydd cefndir i'r Searchers. Dysgu'r pethe syml wnaeth e' i fi, caneuon sgiffl fel 'Freight Train', gan chware tri thant – jyst fel Dafydd Iwan ar ei orau!

Yr unig brofiad offerynnol ges i cyn hynny oedd dysgu'r ffidil. Yr athro ffidil oedd Morgan Lloyd. Roedd yn gas gen i'r ffidil ac roedd yn gas gen i Morgan Lloyd hefyd gan ei fod e'n rhoi clatshen i'm llaw i bob tro fyddwn i'n gwneud camgymeriad, a finne wedyn yn methu chware'r gitâr am fod fy mysedd i'n rhy dost. Rown i am chware'r miwsig gwerin a Hill-billy a Blue Grass ar y ffidil, y miwsig fyddwn i'n glywed ar y radio adre. Ond fe fydde Morgan Lloyd yn mynd yn grac. Fe fyddwn i, yn fwriadol, yn gadael y ffidil ar y bws ysgol yn y gobaith y bydde rhywun yn ei dwyn hi. Ond doedd neb ei heisiau hi. Bob tro, fe fydde'r gyrrwr yn ei rhoi hi 'nôl i fi y bore wedyn. Yr unig beth wnes i ddysgu chware ar y ffidil erioed oedd 'Twinkle, Twinkle Little Star'.

Ond roedd y gitâr yn fater arall. Fe wnes i ymuno â bachan o'r enw Rob Stephens i ganu 'The Ballad of Jesse James a Tom Dooley' a phethe eraill, a'n galw'n hunain yn The Wayfarers. Tua pymtheg oed own i a fe wnes i ymarfer yn galed am tua tri mis i gael *repertoire* digonol i chware'n gyhoeddus. Fe gawson ni'n gwahoddiad cynta i chware lawr yn y Conservative Club yn Abertawe. Lawr â ni ar y bws a gosod popeth yn barod, y gitârs a'r meics a'r seinyddion. Fe wnaethon ni ganu dwy gân cyn i'r rheolwr ddod aton ni a rhoi deg swllt i ni a dweud,

'Bois, rwy'n meddwl y byddai'n well i chi fynd lawr i chware i'r Clwb Llafur.'

Fe wnaethon ni wneud cais am ganu ar y teledu ar 'Hob y Deri Dando', fi a Dafydd Idris a Dewi Evans, ond dim lwc. Y gân wnaethon ni ei danfon i mewn i'w hystyried oedd cyfieithiad o *Juliet*, a wnaed yn enwog gan y Four Pennies ac a gyrhaeddodd rif un yn 1964. Cyfieithu pethe fydden ni'n ei wneud bryd hynny.

Un stori arbennig sy'n aros yn y cof am Ysgol Dinefwr yw honno am Mam yn mynd i gyfarfod o'r Gymdeithas Rhieni ac Athrawon ar ddiwedd tymor cynta fy mlwyddyn gynta. Pan ddaeth hi'n amser i'r Prifathro gael gair â Mam fe ofynnodd iddi pa eglwys fydde hi'n ei mynychu? Fe edrychodd Mam yn dwp arno fe a dweud,

'Eglwys? Sai'n mynd i unrhyw eglwys. Aelodau o Gapel Moriah, Treboeth ydyn ni i gyd fel teulu.'

'O, felly mae Dewi wedi troi'n Gatholig o'i ran ei hunan,' medde'r Prifathro.

'Catholig! Peidiwch â siarad y fath ddwli,' medde Mam. 'Methodist yw e'.'

'Ond fe wnaeth e' droi'n Gatholig yn ystod ei wythnos gyntaf yn yr ysgol.'

Roedd Mam yn dal i edrych yn dwp ar y dyn. Fedrai hi ddim credu'r peth. Ond yr hyn oedd wedi digwydd oedd fod y Catholigion yn cael y dewis o fwyta ffish a tships bob dydd Gwener, felly fe ddwedes i fy mod i'n Gatholig. Fi oedd y merthyr Catholig cynta yn Nhreboth i ddioddef dros fy nghrefydd. Fe ges i uffarn o bregeth gan Mam.

Yn y cyfamser rown i'n dal i fwynhau chwaraeon. Fe wnes i redeg ym Mabolgampau Ysgolion Gorllewin Morgannwg a dod yn drydydd, er mai fi oedd yr unig redwr heb sgidiau sbeics. Rwy'n teimlo o hyd petai gen i sgidiau sbeics ar y pryd y byddwn i wedi mynd ymlaen i gynrychioli Cymru.

Rown i hefyd yn y tîm cleddyfa a'r tîm pêl-fasged. Fe wnes i roi cynnig ar wyddbwyll ond, ar ôl pythefnos, fe rois y gorau iddi. Fy mhrif wrthwynebydd oedd rhyw fachan bach tila oedd yn fy nghuro i bob cynnig drwy symudiad elfennol *fool's mate*. Yna fe fydde fe'n eistedd yn ôl gan grechwenu'n goeglyd a hunanfodlon arna i. Un diwrnod fe ges i lond bol ar hyn a fe fwres i fe a chael fy ngwahardd am or-ymateb yn dreisgar. Dyna'r unig dro, mae'n rhaid gen i, i hynny ddigwydd mewn gwyddbwyll. Fe ges i fy nanfon bant droeon mewn rygbi neu bêl-droed, nid am chware'n fudr ond am beidio â chymryd y gêm o ddifri – ond fe ges i fy nanfon bant mewn gwyddbwyll am ymladd.

Mewn pêl-droed, ein hathro ni oedd Stanley Mugford, dyn pen moel cas a swrth ond yn ffrindiau mawr ag unrhyw un oedd yn chware pêl-droed. Rwy'n cofio chware, pan own i'n ddeuddeg oed, ar feysydd y Ganges, ddim yn India ond lan ar dop Town Hill a Dad yn gwylio. Fe dorrais i nghoes a dyma Dad yn rhuthro ata i a nghodi. Fe blygodd fy nghoes i tuag yn ôl. A do, fe ffeintiodd Dad unwaith eto.

Gyda llaw, yn chware yn y gôl roedd Onus, a dyna sut gafodd e'i lysenw. Fe ddysgon ni mewn gwersi Lladin mai'r gair am 'baich' oedd *onus*, ac ar ôl ildio pedair gôl ar ddeg mewn un gêm fe'i bedyddiwyd e'n Onus. Ei enw iawn e' oedd Trevor Henry Gwyn Harries. Mae e'n cael mensh yn y cyflwyniad i'r gân 'Breuddwyd Roc a Rôl', Edward H Dafis. Fe wnes i addo iddo fe unwaith y byddwn i'n ei wneud e'n enwog drwy roi ei enw mewn cân bop Gymraeg. A fe wnes i gadw at fy ngair.

'A dyma fe, seren newydd y byd canu roc Cymraeg, Trevor Henry Gwyn Harries!'

Ffrind mawr arall i fi oedd Wynford Harris, a newydd glywed ydw i fod brawd iddo fe wedi ennill arian mawr ar *Who Wants to be a Millionaire?* Roedd e'n aelod o'r Aelwyd gyda ni, lle'r oedd Mr a Mrs David Gwynne yn weithgar iawn yn y Tabernacl yn trefnu sgetshus a chystadleuthau eraill ar y llwyfan. Drwy weithgareddau fel'ny wnes i ddod i adnabod pobol o Aelwydydd eraill, pobol fel Glan Davies a Glynog Davies.

Mewn un sgetsh roedd Wynford yn chware rhan delw mewn golygfa o Rufain. Yn naturiol, fel rhywun oedd yn chware rhan delw roedd angen iddo fe sefyll yn gwbwl lonydd. Pethe fel'ny yw delwau i fod, medden nhw. Fe fydde fe'n sefyll tan flanced wen a fe fydde powdwr gwyn dros ei wallt a'i wyneb e'. Ond fe fyddwn i'n gwneud iddo fe chwerthin, er mawr hwyl i'r gynulleidfa, ac wrth i'r ddelw yma chwerthin fe fydde fe'n ysgwyd nes bod llwch gwyn yn codi oddi arno fe. Dro arall rwy'n cofio Wynfford a finne hefyd yn chware rhan dau fwdji mewn caets.

Ffrind arall fydde'n chware rhan flaenllaw oedd Dewi Evans, mab y Parchedig Trebor Lloyd Evans, aelod arall o'r Wayfarers byrhoedlog. Roedd e'n gyfaill mawr i fi, ac yn dal i fod. Roedd y gofalwr yn Yr Aelwyd, Wil, yn ffansïo'i hunan fel bardd. A dyma fe'n dweud wrth Trebor Lloyd Evans unwaith ei fod e' newydd gyfansoddi englyn. Fe aeth ymlaen i'w adrodd ac fel hyn oedd yr englyn honedig yn mynd:

> Ar y llawr mi welais bin,
> Codais e' lan heb fawr o ddim,
> Wrth ei godi, dywedais hyn –
> Gwell codi pin na chodi dim.

A chware teg i Trebor, ei ymateb e' oedd,
    'Da iawn – englyn da, Wil.'

Gyda llaw, fe ddaeth yr 'englyn' yna'n hynod boblogaidd yn Eisteddfod Rhydaman yn 1970. Roedd e' ar dafod pawb o'r criw.

Roedd gwyliau eisoes wedi bod yn rhan o mywyd i o'r dechrau, gyda Llanwrtyd a Chwilog wedi chware rhan bwysig. Fel aelod o'r Urdd wedyn fe fues i yn Llangrannog, ddim fel gwersyllwr ond fel Swog. Ches i ddim mynd i Langrannog o Ysgol Lôn Las, own i'n rhy ddrwg. Wel, drygionus yn hytrach na drwg. A phan ddwedai'r athrawon wrtha i nad own i'n cael mynd, fy ymateb i fyddai nad own i ddim am fynd beth bynnag. Ond na, y gwir amdani oedd na *chawn* i fynd. Fe fyddwn i, felly, yn achub y blaen:

'Pwy sydd am fynd i Langrannog? Dwylo lan!'

Fe fyddwn i'n cadw fy llaw lawr.

'Pam nad y'ch chi'n codi'ch llaw, Dewi Morris?'

'S'mo fi isie mynd.'

Jawch, mae testun cân fan'na!

Ond roedd Glanllyn yn fater arall. Yno wnes i gyfarfod â Dafydd Iwan gyntaf. Yno wnes i gyfarfod â Geraint Jarman a Heather Jones. Yno wnes i chware un o recordiau Meic Stevens am y tro cyntaf. 'Mwg' oedd hi, a roedd ei chware hi yng Nglanllyn yn beth mawr i fi. Roedd llawer o'r gwersyllwyr yn hoffi stwff Saesneg ac yn meddwl fod pop Cymraeg yn rwtsh. Yna dyma fi'n prynu 'Mwg' ac yn chware'r record yn eu clyw nhw. A'r ymateb yn dod,

'Hei! Mae hwn yn OK!'

I fi, Meic Stevens oedd y cynta i wneud i fi deimlo'n gyffyrddus wrth wrando ar ganeuon pop Cymraeg. Stevens oedd y cynta i ddangos fod mwynhau pop drwy ein hiaith ein hunain yn bosib. Meic oedd yr unig artist Cymraeg ar y pryd y byddwn i'n annog fy ffrindiau di-Gymraeg i wrando arno. Roedd e' eisoes yn gitarydd gwych gan chwarae yn null y *blues* ac yn canu'n onest. Roedd e' hefyd yn edrych yn wahanol, a rwy wastod wedi closio at bobol sy'n wahanol.

Yng Nglanllyn hefyd wnes i ddod yn ffrindiau â phobol fel Huw Ceredig, Robin Huws a Gareth Mort, un o'r actorion meim gorau weles i erioed. Ond roedd Huw Ceredig wedi galw yn tŷ ni cyn hynny a finne ddim adre. Un diwrnod fe glywodd Mam gloch y drws yn canu. Fe agorodd hi'r drws a gweld bachan dieithr yn sefyll yno.

'Ie? Beth alla'i wneud i chi?'

Roedd hi'n edrych arno fe braidd yn ddrwgdybus wrth weld rhyw globyn mawr â barf, oedd yn edrych fel Barti Ddu ar ddiwrnod gwael.

'Ffrind Dewi ydw i, Huw Ceredig,' medde fe mewn llais cras, fel petai rhywun yn cerdded dros grafel mewn sgidiau hoelion. 'Odi Pws yma?'

'Nad yw.'

'O, biti. Ga'i ddod mewn?'

'Cewch.'

Dyma fe'n eistedd lawr ac yna, ymhen llai na munud yn troi at Mam.

'Alla'i iwso'ch toilet chi?'

'Gallwch. Ma' fe lan llofft.'

Dyma Huw yn codi ac yn edrych o gwmpas.

'Ble ma' radio Pws?'

Mam nawr yn edrych braidd yn od, ond yn rhoi'r radio iddo fe, hen radio fach blastig frown. Cwestiwn arall.

'Oes papur gyda chi?'

'Mae digon o bapur lan 'na, rowlyn cyfan.'

'Na, na, papur i ddarllen. Yr *Evening Post*.'

Dyma Mam yn rhoi'r papur iddo fe, a lan ag e' i'r tŷ bach a Mam yn becso rhyw gymaint. Fe aeth tua hanner awr heibio cyn iddi glywed y tshaen yn cael ei thynnu. Lawr ag e', gan roi'r radio a'r papur 'nôl i Mam.

'Gwedwch wrth Pws fod Huw Ceredig wedi galw.'

A mas ag e'.

Yng Nglanllyn, roedd Huw yn gwneud pob math o ddrygioni. Fe fydde fe'n troi'r cloc 'nôl yng nghapel Llanuwchllyn yn y gwasanaeth ddydd Sul. Un nos Sul roedd ganddo fe lond potel anferth o bicyls yn ei boced, a dyna lle'r oedd e'n eu bwyta nhw ar y galeri drwy'r bregeth.

Roedd e'n un da am adrodd storïau ysbrydion, mor dda fel ei fod e'n codi ofn ar rai o'r gwersyllwyr. Fe fydde Huw a Gareth Mort yn trefnu sioeau a sgetshus ar gyfer y gwersyllwyr. Mae Gareth yn un o'r bobol ddewraf dwi'n nabod. Fe gollodd un o'i goesau mewn damwain ddiwydiannol yn y gwaith dur. Pan es i i'w weld e' yn yr ysbyty fe geisiais i godi ei galon e' drwy ddweud wrtho fe fod gen i ffon fagl a pharot iddo fe ar gyfer chware rhan Long John Silver mewn pantomeim. Fe wenodd braidd yn wan a fe estynnodd gerdyn oedd e' wedi ei dderbyn oddi wrth Onus. Arno roedd y geiriau,

Hop you get better!

Fe ddaeth Gareth drwyddi'n rhyfeddol, mor rhyfeddol fel ei fod e' 'nôl yn sgïo o fewn fawr o dro. Gyda llaw, Gareth Mort wnaeth fy medyddio i yn Pws, a hynny am ddau reswm. Fe wnes i fabwysiadu cath fach a fe fyddwn i'n ei chadw o dan fy nghrys ac unwaith fe bisodd hi yno. Hefyd roedd gen i awydd i fod yn hipi, felly fe wnes i ddwyn côt ffwr Mam, torri dwy droedfedd bant o'i gwaelod hi a'i gwisgo yng Nglanllyn. Fe ges i Nadolig uffernol gan Mam pan es i adre. Ond, rhwng y ddau ddigwyddiad, fe ges i fy medyddio gan Gareth yn Dewi Pws. Ar ôl yr hyn wnaeth y gath, hwyrach y dylwn i fod yn Drewi Pwps.

Fel Swog fe fyddwn i'n mynd i Lanllyn am haf cyfan. Wedyn dod adre a chysgu am wythnos i ddod dros y profiad. Fe fyddwn i'n disgyn fel sach ar y gwely a Mam, bob hyn a hyn, yn fy nihuno er mwyn fy mwydo i â llaeth. Doedd e'n ddim byd i fi, ar ôl tymor yng

Nglanllyn, i yfed pedwar neu bum peint o laeth mewn diwrnod. A fel yn yr ysgol fach, fe fyddwn i'n dal i gwympo mewn cariad â phob merch fyddwn i'n gwrdd. Cwympo mewn cariad ag un. Honno'n mynd adre. Cwympo mewn cariad ag un arall. Honno eto'n mynd adre. Ond fe wnes i ddysgu llawer hefyd. Dysgu dringo, dysgu gwersylla, dysgu hwylio. Rwy'n ddiolchgar i'r Urdd am lawer o bethau – yn enwdig y jwmps. Wedes i ddim o hynna!

Mae rhai delweddau yn dal i ddod i'r cof. Hisian y lampau adeg yr Epilog. Crwydro yn y tywyllwch. Y lleuad ar y llyn a ninnau'n cofleidio'r merched ar y lanfa. Ymladd clustogau am un o'r gloch y bore a'r plu yn hedfan i bobman. Mynd i chwilio yn betrusgar a chrynedig yn y seler am ysbryd Arthur Puw, pwy bynnag oedd hwnnw, ac ôl rhwd ar y wal yn troi, i ni, yn staen gwaedlyd.

Yng Nglanllyn y gwnes i ddarganfod fod yna wahaniaeth rhwng Hwntws a Gogs. Dim gwahaniaeth personol ond gwahaniaeth tafodiaethol. Roedd Dei Tomos yn Swog yno ac wedi dweud rhywbeth wrtha i na wnes i mo'i ddeall a fe ges i fy rhoi ar y sgwad datws am wythnos. Mae e'n dal i wadu hyn, ond rwy'n cofio'r digwyddiad yn dda. Rhyw Gog bach diniwed wedyn yn chware ei gitâr pan oedd y gweddill ohonon ni eisiau cysgu a Cefnfab, bachan llydan, cryf, yn dweud wrtho fe,

'Cana di'r gitâr 'na eto a fe gei di stiffad.'

Hwnnw'n ateb, 'Tydw'i ddim yn dallt'.

A Cefnfab yn egluro, 'Os na stopi di ware'r gitâr 'na, fe stwffa i hi lan dy dîn di.' Fe wnaeth e' ddeall *wedyn*.

Rwy'n falch i fi gael bod yna ar yr adeg honno. Mae'r

cyfan yn perthyn i gyfnod na ddaw byth yn ôl. Fe fydden ni'n creu hwyl i ni'n hunain. Dyna ble a sut y dysgais i berfformio. Yn wir, dyna ble wnes i ddechrau ysgrifennu sgriptiau a chaneuon. Dyna ble wnes i gyfansoddi 'Blaenau Ffestiniog', 'Nwy yn y Nen' a 'Mawredd Mawr' hefyd. Bob Dylan wnaeth sbarduno honno. Rown i'n hoffi sut fydde fe'n stwffio cymaint o eiriau â phosib i un llinell yn 'Subterranean Homesick Blues':

> *Johnny's in the basement*
> *Mixing up the medicine*
> *I'm on the pavement*
> *Thinking about the government...*

A thrwy hynny y daeth geiriau dwl 'Mawredd Mawr':

> Mae Joni yn y carchar mawr
> Yn wylo am ei dad
> Ac mae'i dad e' yn y carchar lan llofft...

Fe fydden ni'n torri'r rheolau, wrth gwrs. Mynd yn slei i dafarn yr *Eagles* yn Llanuwchllyn i gael peint a cheisio osgoi John Eric ar y ffordd 'nôl. Fe allai hi fod yn beryglus cael ein dal, gyda phobol fel Huw Ceredig, a oedd yn fab i weinidog, yn un o'r cwmni. Meddyliwch am y gwarth! Dyna i chi sgandal fydde hynny.

Fe fydde Gareth Mort hefyd yn trefnu ambell daith dramor. Roedd e'n aelod o Aelwyd Pwll y Glaw, heb fod yn bell iawn o Dreforys, ac un trip wnaeth e' drefnu oedd taith i Sbaen. Un o'r criw oedd yr hen gyfaill Shwn. Rown i tua deunaw oed ar y pryd a dwi ddim yn cofio rhyw lawer am y gwyliau, a hynny am resymau da. Dim ond yfed wnaethon ni, yfed a hel merched. Yno yr es i mas gyda merch dramor am y tro cyntaf erioed. Isabel oedd ei henw hi. Fe fuodd hon yn garwriaeth ramantus iawn – fe wnaeth hi bara am ddiwrnod cyfan, a noson. Y diwrnod wedyn fe aeth hi bant gyda bachan arall. A finne'n torri nghalon.

Rwy'n cofio i ni fynd i Sbaen gyda llond cist y car o duniau tomatos. A dyna'i gyd wnaethon ni fwyta, er mwyn arbed arian. Roedd Dadcu yn gweithio fel gofalwr warws yn Nhreboth a wedi cael tua tri chant o duniau tomatos oedd wedi pasio'u dyddiad gwerthu.

Unwaith, mewn bar yn Sbaen gyda Shwn, fe geisiais i wneud argraff ar y barman drwy archebu cwrw yn Sbaeneg.

'*Una cerveza, por favor.*'

A'r barman yn ateb, 'Smo chi'n moyn dou tro 'ma, 'te?' Bachan o Benllergaer oedd e'.

Dro arall, hefyd yn Sbaen, yng nghwmni'r ddau ffrind, Shwn ac Onus, fe wnes i gyfarfod Americanwr o'r enw Bo a'i wraig. Roedden nhw'n byw mewn carafan anferth, gymaint â Gwersyll Glanllyn. Unwaith aethon ni i mewn fe ddaeth y poteli Jack Daniels mas. Roedd Bo, fel llawer o Americanwyr, yn froliwr a fe ddechreuodd ddweud wrthon ni am ei brofiadau yn y Rhyfel. I bwysleisio'i ran mewn achub y byd fe dynnodd ei grys a dangos craith enfawr ble dylai ei fron chwith fod. A dyma Shwn, Onus a finne'n dechrau canu efelychiad o un o glasuron Buddy Holly:

> *All my life I've been a-kissin'*
> *Your right tit cause the left one's missin'*
> *Oh boy…*

Am ryw reswm fe dowlodd e' ni mas!

Dro arall fe deithies i yr holl ffordd i Sbaen – i Algeciras – ar fy mhen fy hun i ymuno â ffrindiau a oedd draw yno eisoes, Shwn ac Onus yn eu plith nhw unwaith eto. Rown i newydd berfformio 'Nia Ben Aur' yn Steddfod Caerfyrddin. Y tu ôl i'r llwyfan y noson honno fe wnes i gwrdd â'r canwr Arthur Brown a gafodd lwyddiant gyda 'Fire', cân a gyrhaeddodd rif un yn 1968. Beth oedd e'n ei wneud yno? Ei esboniad oedd ei fod e'n chwilio am ei *Celtic vibes*, beth bynnag oedd y rheiny. Yr unig beth dwi'n gofio am 'Nia Ben Aur' bellach yw fod y sain yn uffernol.

Rown i wrth fy modd yn teithio ar fy mhen fy hun. Gweld yr hen wragedd ger y rheilffordd gyda'u geifr a'u hieir, eraill wedyn yn gwerthu gwin ar ochr y lein. Fe wnes i gyrraedd y pentre lle'r own i wedi trefnu i fynd pan welais i wahanglwyf trist yr olwg yn eistedd wrth ochr y stryd. Rown i'n teimlo drosto fe, ei groen e'n disgyn bant a golwg druenus arno fe, a rown i ar fin estyn llond dwrn o *pesetas* iddo fe pan wnaeth e' fy nghyfarch i. Fel own i'n ei basio fe, dyma fe'n sibrwd,

'Hei, Pws!'

Fe edrychais i'n syn arno a gofyn, '*How do you know my name?*'

A hwnnw'n ateb,

'*It's me, Onus.*'

Ac Onus oedd e'. Roedd e' wedi bod yn gorwedd ar lan y môr a wedi cwympo i gysgu yn yr haul, wedi llosgi'n ddrwg ac yn gorfod mynd adre.

Fe aethon ni hefyd ar daith i Iwgoslafia, saith ohonon ni. Huw Jones wnaeth drefnu'r cyfan. Roedd e' wedi prynu Land Rover yn arbennig ar gyfer y daith, a ninnau i gyd wedi gaddo cyfrannu at gost y cerbyd. Mae gen i ryw deimlad i Huw werthu'r cerbyd a gwneud elw wedi i ni ddod adre. Oedd, roedd e'n gwybod sut oedd gwneud arian, hyd yn oed bryd hynny. Dyna pam mae e'n rheoli S4C, wrth gwrs.

Fe wnaethon ni dorri lawr wrth ymyl bragdy yn Frankfurt. Yna ymlaen â ni i ran o Iwgoslafia a oedd yn union fel y bu Cymru tua hanner canrif yn gynharach. Penderfynodd Huw un noson ein bod ni'n gwersylla ar ben rhyw fynydd unig er mwyn gweld yr haul yn machlud. Roedd Huw yn fachan rhamantus. Rhamant o fath gwahanol oedd ar fy meddwl i.

'Dim diolch. Gad i ni wersylla fan hyn ynghanol criw o ferched Americanaidd.'

Yn anffodus, Huw gafodd y gair olaf.

Ar y ffordd 'nôl fe dorrodd y Land Rover lawr eto a fe fuon ni'n disgwyl iddi gael ei thrwsio am dridiau, ond cyn mynd adre fe ges i fy nymuniad. Fe wnaethon ni wersylla ynghanol criw o ferched, nid o America ond o'r Almaen. Gymaint own i am fynd bant gydag un ohonyn nhw fel i fi ddweud pethe neis am yr Almaen. Fe wnes i fynd mor bell â dweud fod Hitler yn foi eitha neis. Ond fe yfes i ormod, ac yn ystod y nos fe ges i ddamwain fach. Roedd Gareth Lewis o Aberystwyth a finne yn cymryd ein tro i ddefnyddio gwely cynfas. Tra oedd un ar y gwely fe fydde'r llall yn cysgu ar y llawr. Ar y noson arbennig honno fe fu Gareth yn ddigon anffodus i orfod cysgu ar y llawr, a rywbryd yn ystod y nos fe wnes i chwydu drosto fe.

Y peth gwaetha wnes i erioed oedd dod yn ffrindiau â Huw Ceredig. Fe fydde mywyd i wedi bod yn llawer haws petawn ddim wedi cwrdd ag e' erioed. Gydag e' a dau o'i frodyr, Dafydd Iwan ac Alun Ffred, y gwnes i fynd am y tro cynta i ynys Symi yng Ngroeg. O'r eiliad gynta i fi gyrraedd yno, fe syrthiais i mewn cariad â'r lle. Yno y byddai Dafydd yn canu i'r bobol leol a Huw yn adrodd gwahanol ddarnau o waith Dylan Thomas a Chymry enwog eraill. Ac Alun Ffred yn gwneud... wel, dim byd. Ond roedd bod yng nghwmni Huw yn brofiad. Mae Huw, o ran cymeriad, yn ddwbwl seis ei gorff ac mae hynny'n dweud llawer. Ar ôl gadael *Pobol y Cwm* fe gafodd e' jobyn fel rowndabowt y tu fas i Benybont. Un tro fe gafodd e'i daro gan gar. Doedd dim dewis gan y gyrrwr. Doedd ganddo fe ddim digon o betrol i fynd rownd iddo fe.

Ar Symi, fe fyddwn i'n codi'n gynnar bob bore a fe fydde rhyw hen wraig, wedi'i gwisgo mewn du o'i phen i'w thraed, yn pasio. Wyddwn i ddim gair o iaith Groeg a'r peth cynta ddaeth i'm meddwl i pan welais i hi oedd balalaica. Pam, does gen i ddim syniad. Fe fyddwn i'n eistedd yno y tu fas yn yfed te, yn gwylio'r pentre'n deffro ac yn ei chyfarch gyda 'Balalaica'! A hithau yn edrych braidd yn od arna i cyn mynd yn ei blaen. A dyna fel y bydde pethe bob bore, hi yn pasio heibio a finne'n ei chyfarch bob tro gyda 'Balalaica'. Y pedwerydd bore own i ddim wedi ei gweld hi'n dod. Fe ddaeth hi lan y tu ôl i fi a dweud yn fy nghlust i, 'Balalaica'! A ffwrdd â hi. Dyna sut ddechreues i ddysgu siarad Groeg. Rwy wedi dysgu llawer o eirie ond does gen i ddim syniad be' maen nhw'n feddwl.

Deffro wedyn ynghanol nos unwaith a chlywed sŵn yn y bin sbwriel. Dyma fynd i edrych, a'r hyn oedd yno oedd tarantiwla anferth. Dyma Ceredig yn rhoi chwyrnad a dweud,

'Fe ddelia i â hwn.'

Ninnau i gyd yn teimlo'n falch fod arwr eofn fel Huw gyda ni. Mas ag e' â'r bin. Fe glywson ni sŵn tuchan a synnau metalaidd, Doing! Doing! Doing! Y cyfan oedd Huw wedi'i wneud oedd taflu'r bin, a'r tarantiwla ynddo fe, dros y wal i'r ardd drws nesa.

Unwaith fe aeth Ceredig yn dost a dyma ddoctor y pentre yn dweud wrtho ei fod e'n dioddef o gastroenteritis. A dyma'i rybuddio,

'*You no eat for two days, no eat, no drink, no beer – nothing.*'

Mas â Ceredig, a finne'n dweud wrth y doctor,

'*He not very happy.*'

'*No,*' medde'r doctor, '*me not very happy either, he no pay me.*'

Roedd pawb yn y pentre yn adnabod Huw ac wedi clywed am ei salwch. Felly, wrth i ni basio'r caffis a'r *tavernas* fe fydde'r gweinyddwyr yn dod mas a gweiddi,

'*Hey, free food tonight, free drinks tonight! Everybody eat and drink for nothing!*' A Ceredig yn pwdu a gweiddi,

'Twll eich tinau chi, blydi *Greeks*, ddo'i byth 'nôl yma eto!'

Fe aethon ni ar ymweliad arbennig unwaith, taith oedd yn golygu pryd o fwyd fel rhan o'r fargen. Ymhlith y cwmni roedd pâr o Saeson, Roger a Caroline, pobol fach neis, fonheddig. Ar ganol y wledd, a phawb yn dod ymlaen yn dda gyda'i gilydd, fe dagodd Roger ar ddarn o *stifado*. Dyna lle buodd e' am sbel yn peswch. Roedd y cig wedi glynu yn ei wddw a dyma sylweddoli ei fod e', yn llythrennol, yn tagu o flaen ein llygaid ni. Yn ffodus roedd nyrs yn digwydd bod yn ein plith ni a fe ddefnyddiodd honno'r dull *Heimlich*, sef gwthio'r dwrn lan yn galed rhwng dwy ysgyfaint Roger. Wrth iddi wneud hynny fe saethodd y darn cig mas fel corcyn o botel bop. Roedd y rhyddhad yn amlwg, gyda Caroline yn crïo a Roger yn gorwedd yno'n welw, a phawb yn diolch i'r nyrs ac yn cysuro Roger a Caroline. Wrth i bethe dawelu, dyma Ceredig yn troi at Roger (a oedd yn dal i riddfan), cydio ym mhlât y truan a dweud,

'*Excuse me, Roger, but I don't suppose you'll be wanting this again, will you?*' A dyma fe'n bwyta'r hyn oedd yn weddill o'r pryd.

Yn Symi hefyd fe wnaeth Ceredig, Rhys Ifans a finne geisio dysgu sgïo dŵr, ac ar y traeth y prynhawn hwnnw yn gwylio roedd cymaint â deg ar hugain o Gymry yn sefyll gyda'i gilydd. Cymaint ohonynt fel i'r dyn a oedd yn gofalu am y traeth gyhoeddi,

'*No English allowed here. Welsh passport holders only. No foreigners here, only Welsh.*'

Beth bynnag, dyma'r cwch yn cychwyn ac yn llusgo Huw. Ond y cyfan ddigwyddodd oedd i Huw gael ei lusgo o dan y dŵr, ei draed ar waelod y môr a'i ben o dan y dŵr. Pan ddaeth e' lan yn y diwedd ei sylw fe oedd,

'Mae e' fel cael *enema* lan eich blydi trwyn!'

A'r dyn oedd yn ceisio'i ddysgu yn dweud:

'*You too big a Welshman. We have to have two boats to pull you.*' Dyna'r tro cynta a'r tro olaf i Ceredig geisio sgïo ar ddŵr. Fe lwyddodd Rhys y tro cynta, a mynd ar 'y nyrfs i!

Ar ynys Symi hefyd y gwnaethon ni gwrdd â dwy Wyddeles, Hilda a Theresa, y naill yn fawr a'r llall yn fach. Roedd tua dwsin ohonon ni, pawb yn Gymry

Cymraeg, o gwmpas y bwrdd bwyd a fe sylweddolodd Ceredig fod y ddwy yn gwrando'n astud arnon ni.

'Reit,' medde fe, 'peidiwch ag edrych nawr ond pawb i siarad Cymraeg. Mae'r ddwy fenyw fan draw yn ceisio meddwl o ble y'n ni'n dod.'

Fe wnaethon ni godi'n lleisiau rhyw gymaint gan siarad Cymraeg clir, a hynny gyda gwahanol acenion gan bwysleisio'r 'll' a'r 'ch' yn fwriadol er mwyn eu drysu nhw. A dyma un yn troi at y llall heb sylweddoli ein bod ni yn clywed a dweud,

'I know, it's Serbo Croat.'

A ninnau'n troi fel un gan adrodd gyda'n gilydd,

'Oh, no it isn't!'

Rown nhw'n gweddïo y gwnâi'r ddaear eu llyncu nhw ond fe ddaethon ni'n ffrindiau â nhw, a dyma ofyn beth oedden nhw'n ei wneud yno.

'I am actually here looking for religious artefacts,' meddai Hilda. Yna dyma hi'n troi at Theresa a dweud,

'And she's here to get pissed.'

Unwaith, fe ddaeth Angharad Mair mas gyda ni i Symi. Roedd hi wrthi'n darllen nofel drwchus iawn a fe wnes i sylweddoli ei bod hi'n graddol ddod at y diwedd. Pan oedd hi ddim yn edrych, fe dorrais i'r ddwy dudalen olaf bant â llafn rasel ac yna ei gwylio hi wrth iddi ddod at y diwedd. Fe ddaeth hi at y diwedd ac edrych rownd mewn syndod.

'Dyw'r llyfr yma ddim yn gwneud synnwyr,' medde hi.

Fe dorrodd pawb mas i chwerthin ond fe fu'n rhaid i fi redeg tua pum milltir 'nôl i'r *chalet* i nôl y ddwy dudalen goll.

Ar ôl i ni fod yno rai troeon fe gafodd Rhiannon y wraig a finne wahoddiad i seremoni. Roedd y ddau ohonon ni'n meddwl mai bedydd oedd i ddigwydd ond dyma'r rhieni yn diosg dillad y babi. Yna dyma un ohonyn nhw nhw'n tynnu siswrn anferth mas a ninnau'n credu nawr mai enwaediad oedd i ddigwydd ac yn cuddio'n llygaid rhag y gwaed oedd i ddod. Ond yr unig beth wnaethon nhw oedd torri cudyn o wallt y babi.

Fe fues i wrthi unwaith hefyd yn helpu adeiladu glanfa i'r eglwys, un o'r dyddiau hyfrytaf ges i erioed, fi a Gabrielle, bachan lleol. Fi oedd yn cymysgu'r sment a fe yn deifio lawr tua deg troedfedd ar hugain ac yn codi cerrig anferth ar gyfer adeiladu'r lanfa. Felly mae rhan ohona i yn dal i fod yn Symi.

PERLAU PWS

Bob tro fydda i'n meddwl am Pws fe ddaw'r gair 'asbestos' i'r cof. Pam? Wel, un gêm fyddai Dewi a minnau yn ei chwarae pan oedden ni'n cydletya yng Nghaerdydd oedd cymryd arnom, mewn gwahanol dafarnau, ein bod ni'n siarad ieithoedd tramor. Dim ond rwtsh llwyr fydden ni'n ei siarad ond, yn awr ac yn y man yn ystod y sgyrsiau, fe fyddai'n rhaid i ni ddefnyddio'r gair 'asbestos'.

Y stori gyntaf glywes i erioed am Dewi oedd honno am ddiwrnod gwobrwyo'r ysgol yn Neuadd Brangwyn yn Abertawe. Y wraig wadd oedd Mrs T. J. Morgan ac roedd trefniant wedi ei wneud y byddai'r plant, wrth i Mrs Morgan ddod i ddiwedd ei haraith, yn rhoi arwydd i'r organydd i chwarae'r Anthem Genedlaethol. Roedd yr organ o dan y llwyfan ac, ar yr arwydd, fe fyddai'r offeryn yn codi i fyny i'r llwyfan. Roedd y wraig wadd tua hanner y ffordd drwy ei haraith pan nodiodd Dewi ei ben ar y plentyn nesaf, hwnnw wedyn yn nodio ar y nesaf ato ef a'r arwydd yn cael ei basio ymlaen o blentyn i blentyn i'r organydd. Fe gododd hwnnw a'i organ i fyny i'r llwyfan, a thra oedd y fenyw ar anterth ei haraith fe chwaraeodd yr organydd nodau 'Hen Wlad fy Nhadau' nes codi'r to. A llais y wraig wadd, druan, yn cael ei foddi.

Roedd Dewi a minnau yn byw yn agos i'n gilydd, Dewi yn Nhreboth a minnau ar sgwâr Brynhyfryd, ond wnaethon ni ddim mynd i'r un ysgol. Er bod fy nhad yn athro Cymraeg, doedd e' ddim am i fi gael addysg Gymraeg. Yn nes ymlaen fe wnes i fynd i Ysgol yr Esgob Gore a Dewi i Ysgol Dinefwr. Meddyliwch fod Dewi ac Archesgob Caergaint wedi mynychu yr un ysgol!

Yn y coleg y daeth Dewi a minnau'n ffrindiau. Roedden ni'n dau a John Griffiths, neu Shwn, yn driawd o fêts agos iawn. Dylanwad mawr ar Dewi a minnau oedd Granville Gower, cymydog i Dewi. Roedd e'n gwerthu pasteiod a phan oedden ni yn y coleg fe wnaeth Granville ein cadw ni i fynd drwy roi i ni basteiod 'Fray Bentos' oedd wedi eu tolcio.

Adeg gwyliau coleg fe aeth Dewi a minnau i weithio i gwmni Viscos, oedd yn cynhyrchu sbwng, yn y dociau. Fe fyddai Dewi'n chwarae pob math o driciau. Yn ystafell nwy C.S. fe wnâi e' esgus tanio matshen. Fe fyddai fflam wedi chwythu'r lle yn ufflon. Yn y ffatri fedrai neb gredu fod rhywun mor ddwl â Dewi â'i fryd ar fynd yn athro.

Yn y coleg roedd e'n chwedl. Un tro fe ofynnodd un o'r darlithwyr daearyddiaeth, Mari Morgan, i ni wneud prosiect a oedd yn cynnwys llunio model. Fe rybuddiodd ni mai ei chas *fodelau oedd rhai o waith glo wedi eu gwneud o Polystyrene. Wrth gwrs, fe luniodd Dewi fodel o waith glo o Polystyrene.*

Fe fu'r ddau ohonon ni'n siario sawl llety ac fe fyddai Dewi, byth a hefyd, yn cerdded o gwmpas yn ei bants. Bob bore fe fyddai ganddo fe ben tost ar ôl y noson cynt a'i frecwast e' fyddai dŵr ac aspirin.

Fel athro yn Ysgol Moorland Road, ger gwaith dur East Moors, roedd e'n athrylith. Fe fyddai'r plant yn ei ddilyn i bobman. Roedd e'n union fel y Pibydd Brith. Pan adawodd e'i swydd fe gollodd y byd addysg athro gwych ond fe enillodd y byd adloniant Cymraeg dalent enfawr.

Yn aml fe fyddai'r ddau ohonon ni'n bodio rhwng Abertawe a Chaerdydd. Pan gaem ni lifft fe fyddai'r gwahanol yrwyr yn ein holi am ein gwaith ac yn y blaen. Fe fyddwn i'n dweud yn blaen mai myfyriwr oeddwn i ond, am ryw reswm, fe fynnai Dewi mai gwerthwr sgidiau i gwmni 'Clarks' oedd e'. Fe fyddai hefyd yn creu pob math o storïau dychmygol ar gyfer y gyrwyr. Fe ddywedai mai pyst rygbi Y Pîl oedd y rhai uchaf yn y byd a bod hen ffordd Rufeinig yn rhedeg heibio i Stormy Down.

Roedd siop ddillad ddrud iawn yng Nghaerdydd, Gordon Cirrell, lle roedd pâr o bants yn costio tua hanner canpunt. Un dydd, roedd Dewi a minnau yn edrych yn ffenest y siop pan stopiodd menyw wrth ein hymyl. Roedd ganddi gi a fe geisiodd hi gael y ci i eistedd. 'Sit!' meddai'r fenyw. A fe eisteddodd Pws ar y pafin.

Dewi yw'r ffrind gorau fedrai unrhyw un ei gael. Mae gen i feddwl y byd ohono fe. Does ganddo ddim gair drwg am neb a chlywais i neb erioed yn dweud gair drwg amdano ef. Rwy'n falch cael dweud mai Dewi yw tad bedydd fy merch.

GWYN HARRIES (ONUS)

Mae Dewi Pws wedi chware cymaint o driciau arna i erioed fel fy mod i'n falch iawn i fi achub y blaen a chware tric arno fe pan alwais i yn ei gartre am y tro cynta. Mae e' eisoes wedi cyfeirio at hynny yn gyfrol hon ac wrth edrych yn ôl rwy'n falch i fi lwyddo i eistedd ar sêt ei dŷ bach, creu drewdod yn ei fathrwm, gwrando ar ei radio a darllen ei bapur newydd ar yr un pryd.

Un o'r triciau gorau wnaeth e' chware arna i oedd hwnnw 'nôl yn y saithdegau. Rown i'n ffansïo fy hunan fel tipyn o arddwr. Yn wir, rwy wedi bod yn garddio ers pan own i'n blentyn. Fe fydde Nhad wastod yn fy ngorfodi i balu'r ardd, felly mae garddio wedi bod yn rhan naturiol ohona i erioed.

Ar yr adeg dan sylw rown i'n awyddus i dyfu tomatos. Rown i wedi llwyddo i'w tyfu mewn tŷ gwydr ond roedd gen i'r her yma i'w hwynebu o dyfu tomatos yn yr awyr agored. Fe wnes i brynu tua thri phlanhigyn a'u plannu nhw yn yr ardd heb fawr o obaith am lwyddiant, gan gredu mai dim ond mewn gwledydd twym fel Sbaen, yr Eidal a Groeg y mae modd eu tyfu nhw y tu allan.

Fe flodeuodd y planhigion ac fe ddatblygodd y tomatos. Ond rhai bach, gwyrdd oedden nhw. Erbyn mis Awst roedden ni, fel teulu, wedi penderfynu mynd ar wyliau i Symi. Pan ddes i adre y peth cynta wnes i, cyn hyd yn oed gario'r bagiau o'r car, oedd rhuthro i'r ardd i edrych ar y tomatos. Ac yno, ar un o'r planhigion, roedd y tomato perta welodd neb erioed, un mawr coch a blasus yr olwg. Fedrwn i ddim credu'r peth. Fe alwais i ar Margaret a'r plant i weld y ffrwyth gwyrthiol yma. A dyna braf oedd cael ei dynnu a'i fwyta. Rown i'n teimlo mai fi oedd y garddwr gorau ers Adda.

Y noson honno fe wnes i ddechre meddwl pam mai dim ond un tomato oedd wedi ffrwythloni. Doedd dim un o'r lleill hyd

yn oed wedi dechre troi eu lliw. Allan â fi i'r ardd ag edrych ar
y rhan o'r planhigyn lle'r oedd y tomato gwyrthiol yma wedi
tyfu. Ac o graffu'n fanwl fe wnes i weld edau denau wedi ei
chlymu o gwmpas y goes. Ac ar unwaith fe wnes i sylweddoli
beth oedd wedi digwydd. Roedd Pws wedi galw ac wedi mynd
i'r drafferth o brynu tomato anferth a'i glymu ar y planhigyn.

Mae gan Pws obsesiwn am lanweithdra. Wythnos ar ôl
iddo briodi Rosi fe alwais yn eu cartref yn Severn Grove yng
Nghaerdydd am ddiod a phryd o fwyd. Mae pawb sy'n fy
adnabod i yn gwybod fy mod i yn fwytäwr araf iawn. Rwy'n
mwynhau cymdeithas uwchben pryd o fwyd. Wrth i ni ddod at
y bisgedi a'r caws roedd ambell friwsionyn wedi disgyn ar y
llawr. A dyna lle'r oedd Pws gyda'i 'Hoover' yn glanhau'r
carped o gwmpas ein traed ni tra'n bod ni'n dal i fwyta.

Yn ein tŷ ni wedyn, fe fydde Dewi yn dwyn y platiau o dan
ein trwynau cyn i ni orffen ein pryd. Ac os wnaiff e' weld
golau mewn stafell wag, mae hi'n rheidrwydd arno i ddiffodd
y golau. Rwy wedi ei weld e'n mynd drwy'r tŷ yn gyfan gan
ddiffodd unrhyw olau sydd ynghyn yn ddiangen.

Cofiwch, rwy wedi bod mor euog ag e' am chware triciau ar
bobol. Yng Nglanllyn unwaith fe ffoniodd Pws a finne Elfed
Lewys gan gymryd arnom ein bod ni'n galw ar ran capel bach
Carmel. Fe wnaethon ni ofyn iddo fe a wnâi e' bregethu yno ar
noson arbennig o'r wythnos yn y Cwrdd Diolchgarwch cynnar.
Fe esbonion ni ei fod e'n draddodiad yng Ngharmel i gael
cwrdd diolchgarwch ym mis Awst. Ond roedd y pregethwr
gwadd wedi gorfod gwrthod ar y funud olaf.

Cytunodd Elfed, a dyna lle buodd e' am oriau yn rhedeg o
gwmpas yn chwilio am dei ddu a chrys gwyn. Fe aeth e' i'r
capel bach a chael y lle yn wag. Aeth i'r fferm agosaf a gofyn
faint o'r gloch oedd y cwrdd diolchgarwch i fod i gychwyn.

Doedd y ffermwr a'i deulu, wrth gwrs, ddim wedi clywed am y fath oedfa erioed. Fe ddychwelodd Elfed, druan, i Lanllyn mewn tymer wyllt.

HUW CEREDIG

Egwyddorion mewn Het Plismon

Fe adewais i Ysgol Dinefwr i fynd i Goleg Cyncoed yng Nghaerdydd. Coleg ymarfer corff oedd Cyncoed yn y bôn, a'r rheswm wnes i fynd yno oedd am na fedrwn ni feddwl am unrhyw beth arall i'w wneud. Felly fe es i yno gyda'r bwriad o dreulio tair blynedd yn mercheta, yfed cwrw a chware rygbi.

Rwy'n cofio cyrraedd ar fy niwrnod agoriadol a'r peth cynta wnes i oedd gadael y bagiau a mynd i'r neuadd snwcer. Yn ystod y tair blynedd fues i yn y coleg, rwy'n meddwl i fi dreulio mwy o amser yn chware snwcer na wnes i mewn darlithoedd.

Fe arweiniodd symud o Ysgol Gymraeg Lôn Las i'r Ysgol Uwchradd at ddirywiad yn safon fy Nghymraeg i. Doedd fawr ddim pwyslais ar y Gymraeg yn Ninefwr a fe gafodd hynny effaith arna i erbyn i fi fynd i Gyncoed. Ar ben hynny doedd gen i ddim diddordeb mewn gwaith. Unwaith fe es i am bythefnos heb fynychu'r un ddarlith ac un bore, ar ôl bod mas drwy'r nos mewn parti, rown i yn y ciw brecwast yn gwneud niwsens llwyr o fy hunan. Roedd gen i ryw biben fach bapur yn fy llaw, un oedd yn rholio mas gyda phluen ar ei blaen hi ac yn gwneud sŵn cnec wrth i fi ei chwythu hi. A dyna beth own i'n ei wneud yn y ciw pan alwodd darlithydd fi draw.

'Nawr 'te, Mr Morris, dewch gyda fi. Rwy eisie gair â chi.'

Fe ddilynes i e' i'w stafell, yn edrych yn gwbl wirion yn cario'r bibell fach bapur.

'Mr Morris, ble y'ch chi wedi bod yn ystod y pythefnos diwethaf?'

Roedd gan Eirwyn Pontshân ddywediad perffaith ar gyfer y fath achlysur, 'Os wyt ti byth mewn trwbwl, treia ddod mas ohono fe.' Rhaid felly oedd ceisio dod mas o'r twll hwn.

'Wel, Mr Jones, rwy wedi bod yn cael problemau teuluol, a dwi ddim wedi bod yn dda iawn o ran fy iechyd, ddim yn dda o gwbwl. Mae pwysau bywyd wedi mynd yn drech na fi a mae'n ddrwg 'da fi am esgeuluso fy ngwaith gymaint.'

Doedd y geiriau ddim i'w gweld yn cael rhyw lawer o effaith ar y darlithydd. Roedd angen cyfaddawd.

'Gan fy mod i wedi colli cymaint o ddarlithoedd, rwy'n credu y dylwn i gael ychydig o waith ychwanegol dros wyliau'r haf.'

Fe rois i berfformiad da, perfformiad a oedd yn haeddu gwobr BAFTA, a fe gredais i fod y darlithydd wedi llyncu'r cyfan ond fe wydde fe'n iawn fy mod i'n rhaffu celwyddau.

'Mr Morris,' medde fe, 'hwyrach y byddwn i wedi'ch credu chi oni bai am un peth – yr het wirion yna sydd ar eich pen chi.'

Rown i wedi anghofio am yr het. Ar fy mhen i roedd het plismon, un fach wedi'i gwneud o gardbord. Mae'n rhaid fy mod i'n edrych yn gwbwl dwp. A dyma fe'n mynd ymlaen â'r bregeth:

'Mr Morris, ble mae'ch egwyddorion chi?'

Wyddwn i ddim beth oedd ystyr egwyddorion. Rown

i'n meddwl mai rhyw dasgau own i fod wedi eu gwneud oedden nhw, rhyw fath o waith cartre.

'Wel, Mr Jones, rwy wedi'i gwneud nhw, ond yn anffodus rwy wedi'u gadael nhw yn y fflat.'

Fe ysgydwodd e'i ben mewn anobaith llwyr.

'Mr Morris,' medde fe, 'fe wnaethoch chi awgrymu y dylech chi gael mwy o waith dros y gwyliau. Rwy'n cytuno, ac fe gewch chi'ch dymuniad.'

Do, fe ges i ddwbwl y gwaith ond dwi ddim yn meddwl i fi ei wneud e'.

Ffrind da i fi yn y coleg oedd John Griffiths, neu Shwn, a oedd yn frawd i Meriel a ddaeth yn enwog fel cyflwynydd teledu ac a briododd yr athletwr, Lyn Davies. Roedd Lyn yn ddarlithydd yno ac un peth amdano oedd ei stôr o ddywediadau bach synhwyrol a bachog. Fe fydde fe'n gofyn,

'*What's the greatest room in the world?*'

Yr ateb oedd, '*Room for improvement.*'

Un arall oedd, '*Who is the man who wins?*'

A'r ateb, '*The man with the plan.*'

Mae Lyn a Meriel yn dal i fod yn ffrindiau mawr â fi a Rhiannon, y wraig. Ar ôl John yr enwyd y grŵp pop Shwn. Roedd John a finne fel dau frawd gan wneud popeth gyda'n gilydd, yn enwedig chware rygbi. Fe fuodd e'n gapten tîm rygbi ieuenctid Treforys. Mae 'na lawer o sôn wedi bod am chwaraewyr rygbi yn troi'n broffesiynol, neu fel oedd y wasg mor hoff o ddweud, 'yn troi am y gogledd'. Wel, Shwn a finne oedd y ddau chwaraewr rygbi cynta o'r ardal i fynd tua'r gogledd. Fe dalodd Treforys ddeg swllt yr un i ni ymuno â'r Faerdre. Roedd y Faerdre rhyw ddwy filltir lan yr hewl i'r gogledd i Dreforys. Mae Shwn, yn anffodus, wedi'n gadael ni. Roedd e'n ffrind da.

Fe fu Shwn a finne'n chware hefyd i'r Morriston Vikings, tîm ar gyfer rapsgaliwns lleol. Fe fydden ni'n chware i'r ysgol yn y bore, yna cael cinio ac wedyn chware i'r Vikings. Fe chwaraeais i ymhob safle, o gefnwr i faswr. Yr hyfforddwr oedd Gari Evans, a fe ddwedodd e' fy mod i'n chwaraewr gwych – nawr ac yn y man. Fy nghryfder i oedd na wyddai neb be fyddwn i'n ei wneud â'r bêl nesaf, medde fe, gan ychwanegu: 'yn anffodus, dwyt tithe ddim yn gwybod chwaith'.

Mewn pencampwriaeth saith-bob-ochr yn Rhydaman pan own i yn y coleg fe fu'n rhaid i fi chware fel prop, a fe wnes i esgor ar gynllun clyfar iawn. Os fydde'r prop gyferbyn yn rhoi trafferth i fi fe fyddwn i'n cyfnewid â'n prop arall ni, Dai Games, a hwnnw wedyn yn rhoi cosfa i'w prop nhw. Dai Games oedd ei enw iawn e', gyda llaw. Roedd Dai yn fachan caled ond mae yntau, fel Shwn, wedi marw.

Dai Games fu fwyaf cyfrifol fy mod i wedi parhau i chware rygbi yn y coleg, a hynny yn arwain at i fi gael cyfle i chware dros Bontypŵl. Rown i'n dal yn eitha cyflym ac yn chware fel maswr fel arfer. Ond o ymuno â Phontypŵl dyma'r hyfforddwr, y chwedlonol Ray Prosser, yn dweud y byddwn i'n chware ar yr asgell. Wnes i ddim dadlau. Fydde neb yn ei iawn bwyll yn dadlau â Pross. Doedd gen i ddim sgidiau ond dywedodd Prosse y gwnâi e' ffeindio pâr i fi. Ar y pryd roedd sgidiau arbennig o dda newydd ymddangos ar y farchnad, sgidiau Lawes a oedd wedi eu pwytho â llaw. Pan gyrhaeddais i'r stafell newid ar gyfer fy ngêm gyntaf yno roedd y cit i gyd wedi'i osod mas. Ac yn rhan o'r cit roedd pâr o sgidiau Lawes. Dyma fi'n cydio ynddyn nhw a'u mwytho nhw yn fy nwylo – rown nhw'n ystwyth fel menyg. Ond buan iawn y gwnes i ddod 'nôl i'r ddaear wrth i Prosser ddweud wrtha i y cawn i gadw'r sgidiau ar yr amod fy mod i'n sgorio dau gais. Petawn i ddim, yna fe fydde fe'n stwffo'r sgidiau lan fy mhen-ôl i. Yn ffodus iawn fe sgoriais i un cais.

'Da iawn,' medde Prosser ar ôl y gêm. 'Mae hynna'n golygu mai dim ond un esgid fydda i'n stwffo lan dy ben-ôl di.'

Roedd Prosser yn chwedl, dyn anferth, dwylo enfawr ac yn gwisgo siwtiau a oedd bob amser yn rhy fach iddo. Rwy'n cofio dod 'nôl ar y bws ar ôl chware yn Coventry unwaith a Prosser yn cwyno am nad oedd e'n medru deall un o'r bois.

'E's speaking all these long words like marmalade and corrugated iron,' medde Prosser.

Yn y dyddiau hynny fe ddechreuodd deiet chwarae-wyr ddod yn ffactor bwysig mewn rygbi gyda'r hyfforddwyr yn mynnu na ddylai'r chwaraewyr fwyta unrhyw fwyd o fewn teirawr i'r gêm. Fe âi Prosser ymhellach. Châi neb o chwaraewyr Pontypŵl fwyta o gwbwl ar ddiwrnod y gêm. Ei ddamcaniaeth ef oedd fod llewod ar eu ffyrnicaf pan oedden nhw'n newynog. Felly fe fydde fe'n clemio pawb cyn gêm. Ond fe fydden ni'r cefnwyr yn ffodus i raddau helaeth. Doedd gan Prosser fawr o ddiddordeb ynddon ni. Dim ond y blaenwyr oedd yn bwysig i Pross.

Mae gen i nifer o raglenni o'r dyddiau hynny o hyd. Ar gyfer y gêm yn erbyn Caergrawnt ar 13 Medi 1969 mae fy enw i wedi ei sillafu fel Diwi Morris. Mae gen i doriad papur newydd hefyd yn adrodd am y gêm rhwng Pontypŵl a thîm lleol, ac yn ôl hwnnw,

Dewi Morris, a former Cardiff College student, now a teacher in Cardiff, scored two tries for Pontypool.

Roedd y tripiau rygbi yn medru bod yn wyllt. Fe ddaethon ni 'nôl unwaith o Gaerfaddon neu o Coventry neu rywle gyda dwy ddafad yn y bws. Dod 'nôl o rywle arall wedyn gyda mainc anferth yn y bws, mainc mor fawr fel bod angen wyth ohonon ni i'w chodi hi.

Wnes i ddim para'n hir gyda Phontypŵl. Roedd hi'n rhy galed yno. Ymarfer nos Lun, chware nos Fercher, ymarfer nos Iau, chware dydd Sadwrn. Ar ben hynny doedd gen i ddim car, felly roedd yn rhaid i fi deithio ar y bws ac, ar ben hynny wedyn, doeddwn i ddim yn un da iawn am daclo. Weithiau fe fyddwn i'n cael Mam i ddanfon llythyr i'r clwb yn dweud,

Dewi's not allowed to tackle today, only look good.

Yn ogystal â chware i Bontypŵl rown i hefyd yn chware i drydydd tîm y coleg. Roedd gan y coleg dîm cyntaf anghredadwy bryd hynny yn cynnwys Gareth Edwards, Paul Evans (oedd yn chware dros Gaerdydd), Roger Beard, Gerry Wallace, Dai Hoyle, Dai Evans, Ogwen Alexander, Selwyn Williams a J. J. Williams – tîm yn llawn sêr.

Yn trefnu'r trydydd tîm roedd Pat Collins ac roedd e'n awyddus i ni fynd lan i bencampwriaeth saith-bob-ochr East Grinstead. Roedd e' wedi gofyn i fi chware a finne wedi trefnu i fynd lan yn fan Dai Games. Roedd angen mewnwr arnon ni, a dyma fi'n meddwl am Selwyn. Roedd e'n fewnwr gwych ac yn chware i Lanelli ond fe wrthododd Selwyn. Roedd e' ar ôl rhyw bishyn ar y pryd a doedd ganddo fe ddim diddordeb mewn mynd. Ond, ar y diwrnod, dyma un o'r bois yn gosod cit Selwyn yn y fan yn barod. Roedd Dai Games yn foi mawr, ac erbyn hynny'n chware fel wythwr, a dyma fe'n galw Selwyn draw i weld y pâr sgidiau oedd ganddo fe yng nghefn y fan gan gymryd arno ei fod e' am eu gwerthu nhw. Draw â Selwyn yn gwbl ddiniwed a dyma Dai yn ei wthio fe mewn, yn eistedd ar ei ben a chau'r drws tra bod un arall o'r bois yn gyrru bant.

Roedd Selwyn yn wallgof. Ger Bryste fe fu'n rhaid i ni stopio am betrol. Roedd Selwyn, erbyn hyn, wedi tawelu cryn dipyn ac yn gaddo ei fod e'n barod i chware. I mewn â ni am goffi, ond pan edrychon ni drwy'r ffenest, yno yr oedd Selwyn yn dechrau bodio'i ffordd adre am Gaerdydd. Fe lwyddon ni i'w gael e' 'nôl i'r fan a bant â ni unwaith eto am East Grinstead. Yno fe wnaethon ni ennill a fe gyflwynwyd y medalau i ni gan neb llai na Lady Astor. Hi, os dwi'n cofio'n iawn, oedd yr Aelod Seneddol fenywaidd gynta i gymryd ei sedd yn San Steffan.

Un o'r bachwyr gorau i fi chware gydag e' oedd Dafydd Hywel. Gan ei fod e' mor fach, ond yn gwbwl solet, roedd e'n berffaith ar gyfer y safle. Rwy'n cofio tynnu ei goes unwaith drwy haeru na chafwyd erioed actor llwyddiannus a oedd hefyd yn fach. Dridiau yn ddiweddarach fe dderbyniais i alwad ffôn oddi wrtho. Dim ond un frawddeg ddwedodd e'.

'Dim ond *five-foot-three* oedd Alan Ladd.'

Unwaith fe wnaethon ni chware yn erbyn yr Eglwys Newydd, neu, iddyn nhw, Whitchurch. Roedden nhw braidd yn grachaidd ac ar ôl pum munud yn unig fe ddwedodd eu capten nhw wrth D.H.,

'You, sir, will not be welcomed at the club after this match.'

Doedd dim angen i D.H. ofidio. Ddim ond chwarter awr yn ddiweddarach fe'i danfonwyd e' bant, a fe aeth e' adre.

Rwy'n cofio wedyn chware dros HTV yn erbyn RTF, cwmni teledu o Ffrainc. Roedd John Pierce Jones yn aelod o'n pac ni ond roedd e' wedi cael noson mor fawr cyn y gêm fel iddo anghofio, ar ddechrau'r ail hanner, fod y ddau dîm wedi newid ochrau. Fe baciodd John i lawr gyda'r Ffrancwyr.

Roedd yna fywyd cymdeithasol ar wahân i rygbi, yfed a merched yn y coleg. Fe fydde sioeau yn cael eu cynnal, rhyw fath o *variety shows*, a'r rheiny yn Saesneg. Weithiau fe fyddwn i'n cymryd rhan mewn drama ac hefyd fe fydde 'na ambell weithgaredd Cymraeg – ambell i grŵp, er enghraifft. A fe fyddwn i'n dal ar bob cyfle i chware fy rhan, mewn unrhyw beth ond darlith.

Do, fe wnes i gymryd rhan mewn ambell ddrama. Un ohonyn nhw oedd *Y Gŵr o Gath Heffer* gan Huw Lloyd Edwards. W. J. Jones oedd y darlithydd drama a Gareth Rowlands oedd yn cyfarwyddo. Rhan fach oedd gen i, dim ond un lein i bob pwrpas, felly fe wnes i feddwl y gallwn i fforddio cael peint neu ddau cyn y perfformiad yn y Discovery.

Y lein own i fod ei hadrodd, ynghanol storm enbyd ar y môr, oedd rhywbeth fel, 'O, Arglwydd arwain ni allan o'r dyfnderoedd.' Rhywbeth i'r perwyl yna. Ond yr hyn ddwedes i oedd, 'O, Arglwydd, ry'n ni yn y cachu!'

Bryd arall fe wnes i actio yn *Joni Myfanwy*. Mewn un

olygfa rown i'n treisio'r ferch – Dorinda oedd yn actio Myfanwy – ac roedd hi wedyn fod i fy saethu â dryll. Fe es i gymaint i ysbryd y darn fel i fi rolio i flaen y llwyfan wrth i fi farw. Pan gaeodd y llenni rown i'n dal yng ngolwg y gynulleidfa. Fe fu'n rhaid i rai o'r actorion eraill fy llusgo i 'nôl o dan y llenni.

Er gwaetha'r ffaith mod i'n fachan o gyrion Abertawe own i ddim wedi profi cyri nes i fi fynd i'r coleg. Y tro cynta i fi brofi'r stwff fe own i mas gyda Dai Games a'i fêt, Fred Pursey. Roedd Dai a Fred yn ddynion y byd tra own i yn ddim byd ond boi bach twp ac anwaraidd o Dreboth. Fe aethon ni i lawr i le bwyta Indiaidd a fedyddiwyd ganddon ni yn 'The Golden Dap', yn ardal Y Rhath. Doedd y fwydlen yn golygu dim i fi, geiriau fel *Peshwari* a *Madras*, *Bhuna* a *Jalfrezi*. Dyma fi'n gofyn iddyn nhw am gyngor, gan ychwanegu nad own i ddim am brofi dim byd rhy boeth gan mai hwn oedd fy mhrofiad cynta i o fwyta cyri.

'Paid â becso,' medde Dai, 'fe wnawn ni archebu *Vindaloo* i ti. Fyddi di'n iawn gyda hwnnw.'

Wyddwn i ddim beth oedd 'Vindaloo' heb sôn am ei gryfder. Dyma yfed peint neu ddau o lagyr ac yna taclo'r 'Vindaloo'. Roedd e' fel bwyta 'Chicken Sulphuric,' yn llosgi 'ngheg i ac yn ysu 'ngwddw i. A finne ddim am roi'r argraff fy mod i'n wimp, er mod i'n chwysu fel ceidwad brothel, a rown i'n benderfynol o'i orffen e'. A fe wnes hefyd. Ac wrth i'r gegad ola fynd lawr, dyma'r lleill yn lladd eu hunain yn chwerthin. Yn rhyfedd iawn, erbyn heddiw, dim ond 'Vindaloo' rwy'n fwyta mewn lle Indiaidd.

Ar ôl y profiad anffodus cynta hwnnw rown i'n

teimlo'n rêl bachan. Rown i'n gwybod popeth am fwydydd Indiaidd. A'r tro nesa own i adre dyma wahodd Mam a Dad i gael cyri draw yn y Mwmbwls. Doedd Dad a Mam ddim erioed wedi bod mewn lle Indiaidd a fe ges i dipyn o waith i'w perswadio nhw i ddod. Ond mewn â ni, a fe wnaeth Dad eistedd lawr. Y bwriad nawr oedd archebu rhywbeth bach mwynaidd iddyn nhw, rhyw 'Chicken Korma' neu rywbeth tebyg. Ond cyn i fi gael cyfle dyma dad yn codi ac yn galw ar un o'r gweinyddion,

'Esgusodwch fi.'

Diawch, rown i'n meddwl fy mod i wedi cael yr argraff anghywir o Dad a'i fod e'n deall ei gyri ac yn barod i archebu. Dad, o bawb, yn archebu cyri. Ond na. Pan gyrhaeddodd y gweinydd dyma Dad yn gofyn iddo fe,

'Allwch chi droi'r golau lan, dwi'n ffaelu gweld y *menu*.'

Ac o gyfeirio at gyri, fe ddylwn i gael fy enw yn y *Guinness Book of Records* am y gachiad hiraf yn hanes y byd. Rown i'n recordio'r gyfres *Newydd Bob Nos*, un o gyfresi cynta – a gwaetha – S4C, ac yn aros yn Richmond yn Llunden. Dyfed Thomas gafodd y syniad o fynd mas i ffeindio *pub rock*, hynny yw, perfformiadau roc yn y tafarndai lleol, rhywbeth a oedd yn boblogaidd iawn bryd hynny. Yn ymyl pont Richmond fe aethon ni i'r lle Indiaidd yma. Roedd y bwyty'n dywyll a phobol yn bwyta yma ac acw a ninnau, yn llawn cwrw a hyder, eisiau dangos ein bod ni'n rêl bois. Mewn lleisiau uchel, fel bod pawb yn clywed, dyma ni'n esbonio nad oedden ni am unrhyw beth tyner. Roedden ni eisie'r stwff cryfaf a phoethaf oedd yno. Fe esboniodd y gweinyddwr mai 'Chicken Phal' oedd y cryfaf ond doedd hynny ddim yn ddigon da i ni. Fe wnaethon ni ofyn am un poethach na'r arfer. Dyma'r bwyd yn cyrraedd, a hwnnw mor boeth fel roedd y fforc bron iawn â thoddi ynddo fe, a phawb yn ein gwylio ni. Roedd e' fel bwyta bocsed o fatshus a'r rheiny ar dân.

Cyn hir roedd y chwys yn tasgu mas ohonon ni. Ond doedd dim ildio i fod. Fe ddwedon ni yn uchel fod y stwff fydden ni'n ei fwyta 'nôl yng Nghymru ddwywaith mor boeth â hwn. Dyma dalu a mynd mas – a thaflu ein hunain ar lan yr afon gan wingo mewn poen. Yn y bore fe fu'n rhaid i fi fynd i'r tŷ bach am chwech, am saith ac am wyth o'r gloch. Rown i'n dal y trên adre yn gynnar ond wyddwn i ddim a fedrwn i wneud y siwrne heb orfod stopio mewn toilet. Dyma fi'n neidio i mewn i'r tacsi a gofyn i'r gyrrwr ruthro â fi i Paddington ar y cyflymdra uchaf posib.

Y peth cynta wnes i oedd rhuthro am y tai bach. Ond roedd y toiledau mewn cyflwr mor ddrwg fel i fi ofyn i swyddog a fedrwn i neidio ar drên a oedd ar fin gadael am Gaerdydd, trên cynharach na'r un roedd gen i docyn ar ei gyfer. Fe gostiodd hynny bymtheg punt ychwanegol i fi, ond roedd e'n werth y gost. Roedd e'n rhoi ystyr newydd i wario ceiniog. Fe neidiais i mewn i'r toiled agosaf oedd ar y trên. Roedd fy nghorff i mor boeth fel i fi dynnu fy nillad i gyd cyn eistedd ar y sêt. Ac yno y bues i yr holl ffordd, yn gwingo ar y sêt ac yn dal fy nhroed ar y botwm ar y llawr oedd yn fflysho'r dŵr. Fe wnes i hefyd arllwys dŵr oer i lawr fy nghefn fel y byddai'n rhedeg drwy rych fy mhen-ôl i. Rwy'n taeru fod stêm yn codi. I Gaerdydd own i'n bwriadu mynd ond rown i mor wael fel i fi orfod aros ar y trên nes cyrraedd Abertawe a dal trên arall o fan'ny 'nôl i Gaerdydd.

Mewn bwyty cyri y gwnes i gyfarfod gynta ag Emyr Wyn, yn y Paradise yng Nghaerdydd. Roedd e'n eistedd fan'ny ar ei ben ei hunan gyda bwrdd llawn o'i flaen a bwrdd bach wrth ei ochr, a hwnnw hefyd yn llawn. Fe wnes i gyflwyno fy hunan a fe wahoddodd Emyr fi i ymuno ag e'.

'Na,' medde fi, 'mae'n amlwg dy fod ti'n disgwyl ffrindiau.'

'Na, na,' medde fe, 'i fi mae'r rhain i gyd.'

Ie, ei fwyd e' oedd y cyfan. Fe eisteddais i lawr, a chyn i fi droi roedd e' wedi bwyta hanner y bwyd.

Pan mae Emyr Wyn yn bwyta, mae e'n ddall i bopeth arall. Unwaith roedd e' a fi a Rhys Ifans yn bwyta cyri, ac ar y bwrdd roedd llond dysgl o *pot-pourri*. Fe wnes i gymryd arnaf fy mod i'n bwyta'r *pot-pourri*. Roedd Emyr Wyn gymaint mewn breuddwyd fel iddo fe fwyta tair llond ceg ohono cyn sylweddoli beth oedd e'n wneud.

Yn y coleg wnes i sylweddoli mod i'n dechrau colli 'ngwallt. Fe gafodd hyn effaith trawmatig arna i, yn enwedig yn nes ymlaen wrth feddwl am yrfa yn actio a pherfformio gyda bandiau ar lwyfan. Yn wir, fe es i i banig. Rhaid, felly, oedd gwneud rhywbeth ar fyrder a fe welais yr hysbyseb papur newydd yma am y 'Cardiff Trichology Clinic'. Roedd yr hysbyseb yn honni fod modd gwella moelni. Fe ddanfonais i lythyr yno a chael ateb 'nôl gyda'r troad. Fe ges i ddeunydd darllen ar *Male Pattern Baldness* ac *Alopecia*. Yr unig beth wnes i ddysgu am 'Male Pattern Baldness' oedd fy mod i'n diodde ohono fe. A'r unig beth wnes i ddysgu am 'Alopecia' oedd sut i'w sillafu fe. Ond fe benderfynais i ddanfon am y stwff gwyrthiol yma o'r clinic oedd yn mynd i adfer fy ngwallt, rhyw gemegolion, llond bocs ohonyn nhw a chanllawiau ar sut i'w paratoi a'u cymysgu nhw. Own i ddim am i Mam a Dad weld fy mod i'n poeni am fy niffyg gwallt felly fe wnes i gloi fy hunan yn y garej adre a dechrau cymysgu'r stwff rhyfeddol yma. Roedd e'n drewi. Pan fyddwn i ar y bws ar y ffordd i'r dre fe fyddai pobol yn troi i edrych am ffynhonnell y drewdod uffernol yma. Roedd rhai, mae'n rhaid, yn meddwl mod i newydd ddod 'nôl o Chernobyl. Ac ambell un, efallai, yn meddwl,

'O, mae hwn wedi bod yn y "Cardiff Trichology Clinic".'

Fe fydde Mam yn gofyn i fi byth a hefyd beth own i'n ei wneud yn y garej. Fe fyddwn inne'n ateb,

'O, rwy'n gwneud arbrofion pwysig dros yr iaith a'r diwylliant Cymraeg.'

Yn y diwedd fe wnes i daflu'r cemegolion drewllyd i'r bin, wynebu'r sefyllfa a siafio 'mhen.

Un anfantais i bob myfyriwr, wrth gwrs, yw prinder arian. Fe ddaeth ein criw ni dros yr anhawster hwnnw drwy ffurfio cymdeithasau colegol a'u cael nhw wedi'u hariannu o goffrau'r undeb. Un o'r bechgyn y tu ôl i'r cynllwyn oedd Paul O'Golter. Y tro diwetha y clywais i ei hanes e' oedd wrth ddarllen y *News of the World* un dydd Sul. Fe gafodd ei enwi fel rhywun oedd yn berchen cylchgrawn merched noeth yn Hong Kong neu Shanghai neu rywle tebyg.

Roedd y cynllwyn i sicrhau cyllid yn un syml. Roedd unrhyw gymdeithas o ddeg o aelodau neu fwy yn y coleg yn cael cyllid o hanner canpunt y flwyddyn, arian mawr yn 1966. Fe wnaethon ni sefydlu 'The Society for the Propagation of the Western Arts'. Y gair 'Western' oedd yn allweddol i enw'r gymdeithas. Y cyfan oedden ni'n ei wneud oedd gwario'r arian ar fynd i weld ffilmiau Clint Eastwood.

Roedden ni'n ffans mawr o Clint Eastwood. Fe ddaeth hynny'n ddefnyddiol iawn i Rocky pan ddaeth hi'n arholiad. Testun y traethawd yr oedd Rocky i fod i ddoethinebu arno oedd 'The Powers of Visual Aids'. Gan iddo ddarllen yn rhywle fod llun yn werth mil o eiriau fe wnaeth e' dynnu llun o Clint Eastwood a dweud ar y gwaelod fod y llun hwnnw'n draethawd ynddo'i hun gan ei fod e'n werth mil o eiriau. Ar y dudalen nesaf fe dynnodd e' lun arall o Clint gan ysgrifennu oddi tano eiriau mas o un o ffilmiau Eastwood,

When a man with a .44 meets a man with a Winchester, the man with the Winchester dies.

Wrth gwrs, fe fethodd yr arholiad.

Pan redodd yr arian mas fe wnaethon ni sefydlu cymdeithas arall, 'The Society for Supernumery Repetition', mewn geiriau eraill, clwb chware bingo. Fe lwyddon ni i chware bingo am fis cyfan lawr yn Nhreganna cyn colli pob dimau.

Fe benderfynodd Rocky unwaith adeiladu wal o flaen ei dŷ yng Nghaerdydd a fe wnaeth e' ofyn i fi am help. Wrth iddo fe osod y cwrs cynta o frics fe wnes i ddweud wrtho fe fod angen *spirit level* arno fe.

'Pam mae angen rhywbeth fel'ny?'

'Wel, er mwyn gwneud y wal yn lefel, er mwyn gwneud job iawn.'

Fe ddiflannodd Rocky cyn dod 'nôl gyda darn o bren cyffredin tua llathen o hyd a llun bybl neu swigen ar ganol y pren.

'Beth yw pwrpas hynna?' medde fi.

A Rocky yn ateb, 'O leia fe fydd y cymdogion yn meddwl ein bod ni'n gwneud job iawn.'

Drwy ryw ryfedd wyrth fe wnes i basio fy ffeinals – er i fi fethu mewn mathemateg elfennol, rhywbeth oedd yn rheidrwydd fel arfer. Fe ges i gwestiwn yn gofyn: os oedd hi'n cymryd deugain eiliad i arllwys dau alwyn o ddŵr i fath, faint wnâi hi gymryd i lenwi bath dau gan galwyn? Fy ateb i oedd,

'Fydda i byth yn cael bath. Cawod fydda i'n ei gael.'

Ar ôl gadael Cyncoed fe ges i swydd dysgu yn Sblot, yn Ysgol Gynradd Moorland. Roedd yno blant o bob lliw a llun gyda phob math o enwau, yn Bacistanis, Somalis, Bangladeshis – pob cenedl dan haul. Rown i fod i ddysgu Cymraeg iddyn nhw ond roedd llawer ohonyn nhw'n methu siarad Saesneg beth bynnag, felly roedd llawer o'r amser yn mynd i ddysgu'r iaith honno iddyn nhw. Fy llwyddiant mwyaf i fu cael bachgen bach mor ddu â'r frân i ddweud, yn llawn balchder,

'Fy enw i yw Jamshad Magouli.'

Roedd e'n torri nghalon i i glywed rhai o'r plant bach hyn yn gofyn i fi a oeddwn i, mewn gwirionedd, yn Gymro. Felly, yn hytrach na cheisio dysgu Cymraeg iddyn nhw, fe wnes i bwysleisio'r ffaith wrthyn nhw eu bod nhw'n Gymreig, ond na ddylen nhw anghofio'u tras eu hunain, ac iddyn nhw fod yn falch o'u tras cynhenid ac o'r ffaith eu bod nhw hefyd yn Gymry.

Tra own i'n dysgu, rown i'n byw yng Nghaerdydd, – ar

y dechrau yng nghartref yr actorion Clive Roberts a Falmai. Yn cydfyw â fi wedyn roedd Dewi Evans, Howard Evans (a oedd yn fachwr dros Benybont) a Dai Wright. Flynyddoedd wedyn fe welais i Howard mewn parti dawnsio gwerin. Pan welodd e' fi fe wridodd, a gofyn i fi gadw'r ffaith yn gyfrinach. Doedd e' ddim am i'r bois eraill wybod. Mae 'na stori ddiddorol am Dai Wright. Roedd e'n awgrymu yn aml, mewn rhyw ffordd gyfrinachol, ei fod e'n aelod o'r FWA. Doedd neb yn ei gredu fe ond un noson dyma fe'n sibrwd rhyw gyfrinach fawr – roedd rhywbeth syfrdanol i ddigwydd y noson honno. Y bore wedyn dyma ni'n clywed fod bom wedi ffrwydro yn y Deml Heddwch! Cyd-ddigwyddiad? Does gen i ddim syniad hyd y dydd heddiw.

Fe fuodd Dai hefyd yn siario fflat gyda ffrind arall i fi, Rocky, lawr yn Adamstown Square, a dyna fflat oedd honno. Roedd Dai a Rocky – Peter Morgan oedd ei enw go iawn – yn gorfod ysgwyd y droriau er mwyn gwneud y llygod yn ddigon penysgafn fel y medren nhw'u dal nhw a'u taflu mas drwy'r ffenest. Un bore fe ddihunodd Rocky a methu deall pam oedd ei drowser e'n wlyb. Ond roedd Onus wedi gweld y cyfan yn digwydd a fuodd e' ddim ar ôl yn adrodd yr hanes. Bum munud ar ôl mynd i'r gwely roedd Rocky wedi dihuno i biso, wedi codi ei drowser o'r llawr ac agor y copis a phiso mewn i'w drowser ei hunan. Ond fe gafodd Rocky ddial ar Onus yn fuan wedyn wrth iddo'i weld yn codi o'i wely, agor y peiriant chware recordiau a phiso mewn iddo fe, yna ei gau a mynd 'nôl i'r gwely.

Fe ffurfion ni glwb yng Nghaerdydd, yr 'AFAL Club', neu'r 'Anything For A Laugh Club'. Fe fydden ni'n gwneud y pethe rhyfedda. Ambell waith fe fydde un ohonon ni'n mynd adre o'r dafarn o flaen y gweddill ac yn cau ei hunan mewn cwpwrdd dillad nes i'r lleill gyrraedd, ac weithiau fe fydde hynny'n cymryd oriau, jyst er mwyn neidio mas a gweiddi 'Bŵ!' i godi ofn arnyn nhw. Un noson dyma Rocky'n dod adre'n hwyr ac yn mynd i'w wely heb gynnau'r golau. Finne wedyn yn cwyno ei bod hi'n oer gan orfodi Rocky, ymhen hir a hwyr, i gynnau'r golau. A dyna lle'r own i, yn eistedd ar fy ngwely wedi fy lapio mewn blanced ac yn crynu – a nhrwyn wedi 'i beintio'n las. Rown i wedi mynd i'r drafferth o baratoi'r cyfan oriau ymlaen llaw. Fe aeth Rocky 'nôl i gysgu gyda gwên.

Tra own i'n dysgu fe ges i fy nghar cynta. Hen Vauxhall mawr trwm oedd e' gyda'r gêr yn newid ar y golofn lywio. Rown i'n teimlo nawr fy mod i wedi tyfu lan. Ar y tu fas ar y ddwy ochr fe beinties i'r enw LLEUCU, a'r tu mewn fe wnes i bapuro'r ochrau i gyd â phapur blodeuog plastig. Roedd hi'n gyfnod y *flower power*.

O ran yr enw Lleucu, teyrnged arall oedd hon i Lleucu Llwyd. Rown i wedi dod ar draws cerddi Wordsworth i Lucy Gray:

> *Oft I had heard of Lucy Gray:*
> *And, when I crossed the wild,*
> *I chanced to see at break of day*
> *The solitary child…*

Rown i wrth fy modd gyda gwaith Wordsworth a Beirdd y Llynnoedd yn gyffredinol. Yna yn y coleg fe wnes i ddarganfod, yn yr *Oxford Book of Welsh Verse*, y gerdd i Lleucu Llwyd:

F'enaid, cyfod i fyny,
Egor y ddaearddor ddu,
Gwrthod wely tywod hir,
A gwrtheb f'wyneb, feinir.

A dyma fi'n meddwl, fe wnâ i sgrifennu cân amdani.
Mewn â fi i'r parlwr ac, o fewn chwarter awr, rown i wedi
cwpla.

Mae'r geiriau a'r dôn yn ddigon syml, ac mae'n rhoi
pleser mawr i fi pan mae pobol yn ei hystyried hi bellach
fel cân werin.

Lleucu Llwyd, rwyt ti'n hardd,
Lleucu Llwyd, rwyt ti'n werth y byd i mi,
Lleucu Llwyd, rwyt ti'n angel,
Lleucu Llwyd, rwy'n dy garu di-di-di.

O, rwy'n cofio cwrdd â ti,
Ac rwy'n cofio'r glaw,
Ydi'r eos yn y goedwig,
Ydi'r blodau ar y maes gerllaw;
Yn yr afon mae cyfrinach
Dy gusan gyntaf di,
Yn y goedwig mae y blodau
Yn sibrwd dy enw di.

O mae'r oriau mân yn pasio
Fel eiliad ar adain y gwynt,
Gorweddaf ar fy ngwely,
Efallai daw breuddwyd yn gynt;
Ond mae rhywun yn agosáu,
Fe glywaf wichian y glwyd
Ac rwy'n nabod sŵn yr esgid,
Mae'n perthyn i Lleucu Llwyd.

Fel'na mae'r caneuon gorau yn dod, y dôn a'r geiriau yr un pryd. Ac fel teyrnged arall iddi fe beinties i ei henw hi ar ochrau'r car.

Wedyn fe ges i foto-beic a seidcar. Nid seidcar mewn gwirionedd ond coffin ar olwyn oedd Dad wedi'i wneud. Bocs hir o bren oedd e'. Fe brynes i'r beic am ddegpunt yn Abertawe, Matchless 500. Ac ar ôl i Dad adeiladu'r bocs a'i folltio fe i'r beic fe yrrais i fe lawr i Gaerdydd, a Dad yn dilyn yn y car rhag ofn y gwnawn i dorri lawr. Fe gyrhaeddais Gaerdydd yn saff, ac ar ôl dau ddiwrnod fe es i ati i drwsio'r injan y tu fas ar ochr y stryd, gan feddwl fy mod i gystal peiriannydd â Dad. Ond fe dasgodd y darnau i bob man, y sbrings a'r nyts a phopeth. Roedd rhyw foi yn digwydd pasio ar y pryd.

'Dyna feic neis,' medde fe.

'Ie,' medde fi, 'odi chi am ei brynu fe?'

'Iawn, faint ti'n mo'yn?'

'Teirpunt,' medde fi.

A fe werthais i fe yn y man a'r lle, y moto-beic a'r coffin, mewn llai na hanner munud.

Does gen i ddim syniad am fecanics car. Eto'i gyd, fel mecanic wnes i ddechre ar *Pobol y Cwm*. Roedd pobol yn credu cymaint yn y ddrama fel y bydde rhai yn dod ata i a dweud fod rhywbeth yn bod ar eu ceir a gofyn i fi helpu. Dim ond un ateb oedd gen i bob tro,

'Ar y *tappets* mae'r bai.'

Wyddwn i ddim beth oedd *tappets*.

Fe ofynnodd Mam i Dad unwaith a gâi hi roi cynnig ar yrru. Dyma Dad yn cytuno ac yn newid sedd â hi gan esbonio wrthi ble oedd newid gêr, ble oedd y brêc, y clytsh a'r sbardun ac yn y blaen.

'Nawr 'te, Ray, bant â ti,' medde fe.

'Glan bach,' medde Mam, 'alla'i ddim.'

'Pam, fenyw?'

'Alla'i ddim gweld y whîls o'r fan hyn.'

Dim ond un gair ddwedodd Dad wrth Mam.

'Mas!'

Unwaith wnes i gyrraedd oedran gyrru fe wnes i ddechre gyrru car Dad. Yn briodol iawn, Morris Minor oedd gydag e' a fe fues i'n ei yrru fe am tua deufis heb feddwl am roi diferyn o danwydd ynddo fe. Mr Morris Senior oedd yn talu am betrol y Minor bob tro. Un dydd fe alwodd e' fi mas at y car. Roedd e' am roi gwers fecanyddol i fi. Rown i'n edrych ymlaen at hyn, Dad yn fy nysgu i.

'Nawr 'te,' medde Dad, 'Ti'n gweld y twll 'ma fan hyn uwchben yr olwyn ôl?'

'Ydw, Dad.'

'Wel, fanna ti'n rhoi'r petrol.'

Ac yno y gorffennodd y wers gynta.

PERLAU PWS

Wn i ddim ai dychymyg neu gof plentyn ydi fe o Nhad a finne yn nghartre rhieni Dewi, a hynny, am ryw reswm, yng ngolau cannwyll. Ond fedra'i ddim dweud i fi gwrdd â Dewi ei hun tan ddyddiau coleg – ef yng Nghyncoed a finne yn y Brifysgol. Mae'n siwr mai'r Dyniadon a'r Tebot Piws wnaeth ein denu ni at ein gilydd.

Fe wnaeth Glanllyn ein clymu ni hefyd, ac mae'n anodd credu i'r ddau ohonon ni, ynghyd â Huw Ceredig a Huw Jones, gael ein disgyblu yno a ninnau yn tynnu at ein deg ar hugain oed. Roedden ni yno dros y Nadolig ar gyfer cynnal cwrs i ddysgwyr, ac ar Nos Galan roedd parti y drws nesa i gartre Siân, darpar-wraig Huw Jones. Ar wahoddiad, fe aethon ni yno. Y bore wedyn fe'n galwyd ni o flaen y Pennaeth, John Eric gyda John Japheth yn sefyll wrth y drws fel rhyw 'sentry'. Fe fu bron iawn i ni gael ein danfon adre! Rwy'n cofio bod Dewi yn ei weld yn beth anghredadwy, bod y fath beth wedi gallu digwydd i bobol fel ni yn ein hoed a'n hamser. Roedd Dewi wedi gwneud bet â Huw Ceredig na wnaen ni ddim clywed unrhyw beth am y parti, ond Ceredig oedd yn iawn.

Fe ddaeth y byd chwaraeon â Dewi a finne at ein gilydd hefyd. Roedd Dewi yn chwaraewr rygbi digon da pan fydde'r bêl yn ei ddwylo. Ond doedd e' ddim yn un o'r chwaraewyr hynny oedd yn hoffi gêm gorfforol. Unwaith, mewn gêm saith-bob-ochr, rwy'n cofio amdano yn dal y bêl ac yn gorfod wynebu dau fachan cyhyrog a oedd yn rhuthro amdano. Fe ddisgynnodd Dewi ar y ddaear gan weiddi a dal un o gyhyrau ei goes mewn poen. Fe stopiodd y ddau wrthwynebydd ond dyma Dewi yn codi ac yn rhedeg bant â'r bêl.

Wn i ddim am neb sydd mor boblogaidd ag e'. Fe fues i'n trefnu pencampwriaeth golff i godi arian i Glwb Rygbi Pentyrch gan wahodd pob math o enwogion fel Owen Money a Max Boyce. Ond roedd yr aelodau yn awyddus i fi gynnig talu i Dewi am ddod 'nôl y flwyddyn wedyn.

Pan mae e'n darganfod rhyw ddiddordeb newydd mae e'n dueddol o daflu ei hun yn llwyr i'r hobi newydd gan anghofio popeth arall. Fe ddigwyddodd hefo golff, yna fe drodd at foto-beics. Un dydd, a finne allan yn yr ardd, dyma'r moto-beic yma yn stopio y tu allan i'n tŷ ni, gyda gyrrwr mewn dillad lledr a helmet a gogyls yn gweiddi arna'i mewn acen Eidalaidd,

'Pizza for Mr Davies of 65 Heol Isaf!'

Own i ddim wedi archebu dim byd. Dyma fe'n tynnu ei helmet a'i gogyls ac, wrth gwrs, Dewi oedd e'.

Un dydd wedyn ar y cwrs golff fe wnaeth e' argymell tŷ bwyta yn yr Eglwys Newydd i fi, y Pizzeria Villagio, gan awgrymu y dylwn i a Carol, y wraig, ac yntau a Rhiannon fynd yno ar y nos Lun gan fod grŵp jazz yn chware yno. Ond yn anffodus, ar ôl ffonio Rhiannon, fe ddwedodd na fedren nhw fynd yno ond y dylai Carol a finne ddal i fynd. Fe aethon ni, a chael bil o dros gan punt – yn cynnwys wyth deg o bunnau am y miwsig! Dewi oedd wedi bod yno, yn gofyn i'r perchennog chware tric arnon ni.

Ar ddechrau'r nawdegau roedd criw mawr ohonon ni yng nghyffiniau Caerdydd yn chware golff, ac fe brynodd ambell un gert fach dwy-olwyn i gario'r bag a'r ffyn. Fe benderfynodd Dewi brynu un hefyd. Ar y diwrnod cyntaf i Dewi fynd allan gyda'r gert fach fe gerddodd heibio i ni gan gwyno'n uchel.

'Wela'i ddim pwynt o gwbwl yn y gert yma.'

Dyna lle'r oedd e', y ffyn yn y bag, y bag ar y gert a'r gert ar ei ysgwydd.

Mae e' wedi chware cymaint o driciau arna i fel y dylwn i ddweud pob math o bethe drwg amdano. Ond fedra i ddim. Dydw'i ddim erioed wedi clywed neb yn dweud unrhyw beth drwg am Dewi a dydw'i ddim chwaith wedi clywed Dewi'n dweud unrhyw beth drwg am rywun arall.

HUW LLYWELYN DAVIES

Pan oedd Dewi a minnau a John, fy mrawd, yn blant roedd ein rhieni ni a rhieni Dewi yn ffrindiau mawr. Roedd ein teulu ni yn byw yn Lôn Las a Dewi a'i deulu, wrth gwrs, yn Nhreboth, ond tra roedd Dewi yn Ysgol Gymraeg Lôn Las roedd John a minnau yn yr ysgol Saesneg yno. Ond fe wnaethon ni dyfu'n ffrindiau mawr.

Fe fu John, a oedd yn cael ei adnabod fel Shwn, yn arbennig o agos at Dewi ac ers i John farw yn 1995 does dim mis wedi mynd heibio heb i Dewi naill ai alw neu ffonio i sgwrsio amdano.

I Lyn, y gŵr, ar y llaw arall, mae Dewi yn hunllef. Ble bynnag fydd Dewi ar ei deithiau mae Lyn yn siŵr o dderbyn cerdyn neu lythyr. Yn wir, fe fyddai Lyn, o glywed y post yn cyrraedd, yn neidio o'r gwely er mwyn cael ei ddwylo ar gardiau a llythyron Dewi cyn i mi fedru eu gweld. O ddeall hynny, fe ddechreuodd Dewi ddanfon y cyfan ataf fi, er bod Lyn yn gallu adnabod ei ysgrifen, wrth gwrs. Mae'r postman mor gyfarwydd â chardiau Dewi bellach fel ei fod e'n aml, pan wnâ i ateb y drws yn dweud, 'Meriel, cerdyn arall oddi wrth eich ffrind gwallgof.'

Sail yr ohebiaeth fel arfer yw lliw gwallt Lyn. Fedr Dewi ddim derbyn fod rhywun fel Lyn, sydd dros ei drigain, yn dal i fod â'i wallt yn ddu. Mae e' hefyd yn edliw i Lyn y ffaith ei fod e'n edrych mor ifanc. Ei hoff ddull yw cymryd lluniau o Lyn a'u doctora. Fe lwyddodd i gael un llun ohono yn ei ddangos ar ei waethaf ar ôl noson fawr. Fe argraffodd Dewi'r llun ar grysau 'T' gyda'r geiriau 'Not Gold, Just Old' arnyn nhw a chael pobol amlwg i'w gwisgo, pobol fel Caryl Parry Jones, Hywel Gwynfryn, Patrick Hannan a Dafydd Wigley – a hyd yn oed lluniau gwneud o'r Frenhines a Hitler yn eu gwisgo.

Mae gen i ffeil o ddeunydd Pws bellach mewn amlen

anferth. Rwy'n gorfod ei chuddio oddi wrth Lyn, rhag iddo'i difetha. Yn eu plith mae llun o Lyn a limrig Saesneg wedi'i hysgrifennu o tano:

> 'There was an old athlete called Lyn
> Who used to drink gallons of gin,
> After years of excess
> He turned into this mess
> Quite resembling the Shroud of Turin.'

Mae gen i gardiau wedi eu danfon o bob rhan o'r byd. Mae un wedi ei arwyddo 'S. Spielberg' ac wedi ei ddanfon o Los Angeles, yn gwahodd Lyn i chwarae rhan Clint Eastwood yn 110 oed.

O rywle yn Norwy fe ddanfonodd gerdyn yn gofyn a allai ffeirio caca ceirw am yr holl 'bullshit' mae Lyn yn ei siarad. Cerdyn o Sir Fôn wedyn yn cyhoeddi cystadleuaeth newydd mewn eisteddfod ddwyieithog – englyn ar hen bobol enwog, gyda Lyn yn eu plith. Mae un arall yn cyhoeddi cystadleuaeth gyda gwobrau arbennig – 'zimmer frame' ac 'iron lung'. Mae un o'r Algarve yn gwahodd Lyn ar wyliau Saga.

O westy'r Gimmond yn Tokyo fe ddanfonodd wahoddiad i Lyn ddod i seremoni anrhydeddu cyn-athletwy,r gan ofyn ar yr un pryd am gyfeiriad Bob Beaman a gorffen gyda'r cwestiwn, 'Sut mae problem y pwysau?'

O westy yn Heathrow fe ddanfonodd gerdyn yn gofyn cwestiynau o dragwyddol bwys – 'Beth yw ystyr bywyd? Ydyn ni i gyd yn wynebu difodiant? Pam wnaeth yr iâr groesi'r ffordd? Sut mae Peter Pan?' (Peter Pan yw ei lysenw ar Lyn.) Cerdyn wedyn wedi'i anfon o Hanoi ar ran Cymdeithas Ho Chi Minn yn gwahodd Lyn i ddweud gair o rybudd ar yr hyn a all ddigwydd i'r corff dynol, ac un arall o Vietnam yn gwahodd Lyn i gystadlu yn erbyn athletwraig enwocaf y wlad,

Matilda Xarex, saith deg oed. Roedd un cerdyn yn cyhoeddi 'National Old Git Day'. Llun wedyn o Lyn a Stan Stennett, gyda Lyn yn dweud, 'Rwy'n 45,' a Stan yn dweud, 'Ydi, rownd ei ganol'.

Peidiwch byth â gadael iddo dynnu'ch llun. Pan mae Dewi'n galw y dyddiau hyn mae Lyn yn dianc i'r ardd ac yn cuddio popeth a all fod yn destun llun, yn cynnwys ei Fedal Olympaidd. Fe wnaeth e'r camgymeriad mawr unwaith o eistedd yn y dull Bwdïaidd o fyfyrio a fe dynnodd Dewi ei lun. O fewn yr wythnos fe gyrhaeddodd llun o Lyn gyda'r Dalai Lama. Roedd y Dalai Lama yn dweud, 'Plîs, peidiwch â gadael iddo fe ddod i Tibet!' a Lyn yn dweud, 'Plis, gadewch i fi fod yn ifanc unwaith eto!' Mewn llun arall roedd saeth yn cyfeirio at wallt Lyn gyda'r geiriau, 'Hair by Fantasy Island.' Fe wnaeth e' ddoctora llun arall i ddangos Lyn yn hofran uwchlaw'r llawr ac yn cael ei amgylchynu gan bobl yn dathlu yn Hawaii, gyda geiriau'n dweud fod Lyn yn cael ei addoli ymhobman, yn cynnwys Boots, Debenhams, Howells a'r Body Shop.

Ond fe ddylwn i ddisgwyl dwli oddi wrth Dewi. Fe gafodd esiampl wych gan ei fam. Adeg dyddiau coleg, er enghraifft, fe ofynnodd hi i mi a wnawn i, pan fyddwn i'n mynd 'nôl i Gaerdydd, gasglu stwff ar gyfer fflat Dewi. Pan gyrhaeddais i New Quarr Road roedd llwyth o stolion, clustogau a phlanhigion ar y pafin o flaen y tŷ, ac yn eu canol, coes rwber. Ei fam, wrth gwrs, yn chwarae triciau. Fe wnes i fynd â'r goes rwber lawr iddo fe, a honno'n hongian allan drwy'r ffenest.

MERIEL DAVIES

78

Nicyrs Pinc a Hosan Ddu

Fe ges i lond bol ar ddysgu, a hynny'n fuan iawn. Own i jyst ddim yn leicio mynd i'r ysgol, a dyw hynny ddim yn beth da, yn enwedig pan y'ch chi'n athro. Rown i'n dychmygu fy hun yn tyfu i fod yn hen ddyn sur oedd ddim yn leicio plant. Ond rown i'n dwli ar blant. Y busnes o ddysgu oedd ddim yn apelio.

Roedd hi'n anodd gadael y plant, a hefyd ambell athro. Dyna i chi'r athro celf, Bill Barrat. Roedd gen i barch mawr i hwnnw. Ddim yn unig roedd Bill yn athro da, roedd e' hefyd yn hanesydd lleol ac yn cyfrannu erthyglau i'r papurau lleol. Gweld pobol mor gydwybodol â Bill wnaeth fy mherswadio i nad yn y byd addysg oedd fy nyfodol i.

Dyna i chi Alan Solomon wedyn. Fe ddysgodd hwnnw lawer i fi. Bachan di-Gymraeg o Gaerffili oedd e' ac un diwrnod fe ofynnodd i fi a gâi e' eistedd i mewn yn un o'n nosbarthiadau i am fod ganddo fe ddiddordeb yn yr iaith. Bellach mae Alan wedi dysgu'r iaith ac yn ei dysgu hi i bobol eraill. Mae ei blant yn rhugl yn y Gymraeg hefyd.

Felly, ar ôl dwy flynedd o ddysgu fe wnes i – yn gwbwl groes i ewyllys Mam – benderfynu gadael y byd addysg i roi cynnig ar actio'n llawn amser. Roedd gen i dipyn o brofiad o berfformio gyda'r Urdd (ac, i raddau, yn y coleg) ac erbyn hyn roedd Y Tebot Piws wedi cychwyn.

Fe ddaeth hyn i gyd i sylw Wilbert Lloyd Roberts a fe wahoddodd e' fi lan i Fangor i ymuno â Chwmni Theatr Cymru.

Rown i eisoes wedi cael profiad o ymddangos gyda Huw Ceredig yn *'Nôl Mewn Pum Munud*. Rhaglen i blant oedd hon ac roedd hi o flaen ei hamser, rhyw fath o *Tiswas*, ond ei bod hi wedi dechre o flaen honno.

Fe symudes i i Fangor a chael lle i ddechre mewn fflat uwchben siop ar y sgwâr, ond fues i ddim yn hir lan fan'ny. Un noson fe welais i ysbryd ci mawr tywyll tua chwe troedfedd o hyd wrth ochr y gwely. Felly fe symudais i i mewn i rif 10 Trem y Fenai gyda chriw brith yn cynnwys Ems, Mici Plwm, Alan Llwyd, Gwynn ap Gwilym, John Pierce Jones a Dyfan Roberts. Roedd Ems erbyn hyn, ar ôl blwyddyn yng Nghyncoed, wedi gadael Caerdydd am y Brifysgol ym Mangor.

Wedyn fe symudais i'r Poplars ym Mangor Uchaf lle'r oedd Alun Ffred yn byw. Rwy wastod wedi dweud mai Alun Ffred ddylai fod yn Gadeirydd y Bwrdd Croeso. Mae e'n fachan mor groesawgar. Fe es i draw i'w weld e' un noson a chnocio ar y drws a dyma fe'n agor cil y drws a sefyll fan'ny.

'Ia,' medde fe, 'be' ti isio?'

Finne'n ateb, 'Rwy wedi dod i dy weld ti.'

'Iawn,' medde fe, 'dyna ti wedi ngweld i. Hwyl.'

A fe gaeodd e'r drws yn fy wyneb i.

Yr amser hwnnw ym Mangor roedd pawb yn meddwl mai myfyriwr own i. Ond na, actor own i yn byw ynghanol myfyrwyr. Yn siario'r Poplars roedd John Pierce Jones a bachan o'r enw Alun Owen oedd yn cael ei adnabod fel Enj. Unig bwrpas Enj mewn bywyd oedd gyrru bysus. Fe ddywedodd Mici Plwm unwaith y câi Enj, pan fyddai e' farw, jobyn gan Dduw yn gyrru cymylau. Y tro diwetha i fi glywed ei hanes, roedd e'n prynu a gwerthu pysgod yn Kinlochbervie, yng ngogledd-orllewin yr Alban.

Lle ofnadwy oedd y Poplars. Roedd mwsogl yn tyfu ar y ffridj, a'r bath yn fochaidd. Ond yr hyn dwi'n gofio orau am y lle yw'r ffordd oedd gan John Pierce Jones o'n deffro ni yn y bore. Roedd hyn yn golygu ein bwrw ni ar ein pennau. Wna'i ddim dweud gyda beth, ond roedd e'n odli â cloc!

Roedd hwn yn gyfnod protestio dros yr iaith, torri arwyddion ac yn y blaen. Unwaith, ar y ffordd o'r de i Lanllyn roedd Alun Tudur Jenkins, Huw Eic a finne wedi penderfynu torri arwyddion ar y ffordd, a fe wnaethon ni stopio i wneud hynny ger y Cross Foxes. Fe arhosodd Huw yn y car i gadw golwg ar bethe tra oedd Alun Tuds a finne yn tynnu arwydd, ei daflu fe i'r cae a rhedeg 'nôl i'r car a dweud wrth Huw am yrru oddi yno fel y diawl. Dim ond chwerthin wnaeth Huw a gofyn i ni a oedden ni'n sylweddoli pa arwydd oedden ni wedi'i daflu. Fe aethon ni 'nôl i edrych yn y cae a gweld ein bod ni wedi torri arwydd Dolgellau. Fe fuodd yn rhaid i ni ddod â'r arwydd 'nôl o'r cae a'i ail-osod e'.

Fe es i mas dro arall hefyd gyda Huw Jones i dynnu arwyddion yn ardal Cross Hands. Roedd Huw, yn gwbwl nodweddiadol o rywun a oedd yn trefnu popeth ymlaen llaw, wedi prynu gefail torri bolltau. Yn ystod y cyfnod hwn roedd y cynghorau wedi dechrau codi arwyddion gyda wynebau plastig, ac roedd Huw yn ei chael hi'n anodd i osod llafnau'r efail am y bolltau. Roedd ceir yn pasio a ninnau yn cael ein goleuo gan eu lampau. Rown i ar binnau eisie gwneud y job a dianc, felly fe gydiais yn yr efail anferth yma o ddwylo Huw a'i hitio hi yn erbyn yr arwydd. Fe falodd yr arwydd. A Huw yn fy nghyhuddo i o fod yn fandal! Beth arall oedden ni fod i'w wneud ond malu arwyddion?

Fe gymrais i ran ar daith y Gymdeithas o'r gogledd i'r de yn gwisgo sgidiau glas, hynny yw, sgidiau cyffredin wedi'u peintio'n las. Ar ôl tua ugain munud roedd Dyfan Roberts a finne tua chwarter awr ar ôl y gweddill a fe feddyliais i fod hwn yn gyfle da i dynnu coes Dyfan. Fe ddechreuais i siarad ag e' yn Saesneg.

'We can talk English now.'

Fe edrychodd Dyfan yn syn arna i.

'Be' ti'n feddwl?'

'It's OK, but this Cymdeithas yr Iaith business, we can forget it now. We can talk freely in English now there's no-one to hear us. Anyway, I don't usually speak it all the time.'

Fe stopiodd Dyfan gan ysgwyd ei ben,

'Fedra'i ddim credu'r peth! Wyt ti'n deud mai Saesneg fyddi di'n siarad fel arfer?'

'Of course, but don't tell Dafydd Iwan or he'll go berserk.'

Fe ddechreuodd Dyfan fy rhegi i a'm galw yn bob enw dan haul. Bron iawn na wnaeth e' fy hitio. Fe fethais i â dal yn hwy a chwerthin yn ei wyneb – a dyna pryd y gwnaeth e' sylweddoli mai tynnu ei goes e' own i.

O ganlyniad i brotest yng Nghaerfyrddin, mae Dyfan yn ffodus ei fod e'n dal yn fyw. Roedd e'n tynnu arwydd ar y bont pan ddisgynnodd e' i'r afon. Roedd e'n gwisgo côt ffwr drom a fe aeth e' lawr o dan y dŵr. Yn ffodus fe gafodd afael ar ochr cwch a thynnu'i hunan lan. Ond pan aeth e' 'nôl i'r gwesty fe gafodd e'i daflu mas am ei fod e'n wlyb.

Flynyddoedd yn ddiweddarach fe drefnodd y Gymdeithas brotest y tu fas i'r Swyddfa Gymreig yng Nghaerdydd, gan wahodd nifer o bobol y cyfryngau i gymryd rhan. Fe gytunais i a fe alwyd ni i gyd at ein gilydd y noson cynt i drefnu'r brotest. Y syniad oedd ein bod ni gyda'n gilydd, yn gwbwl agored, yn peintio sloganau ar waliau'r adeilad. Fe ddywedwyd wrthon ni am feddwl am sloganau addas i'w peintio. Fe awgrymais i *Llanelli for the Cup!* Ond wnaethon nhw ddim derbyn hwnnw. Yn y brotest, ar alwad un o'r arweinwyr, fe wnaethon ni i gyd chwistrellu sloganau ar y wal o flaen yr heddlu. Fe arestiwyd fi, a fe aeth y plismon drwy'r drefn o fy rhybuddio:

'Anything you say will be taken down and used in evidence...'

Fe ddwedais i, *'Trousers!'* Yna dyma gofio stori am Spike Milligan a fe ychwanegais i, *'OK, I'll come clean, I did the Brighton Trunk Murders as well.'*

Roedd y plismon yn fachan digon ffeind. Doedd e' ddim yn siarad Cymraeg ond roedd e'n codi 'i blant i wneud hynny. Yn ystod y brotest fe ddigwyddodd rhywbeth doniol iawn i Meredydd Evans. Wrth iddo fe wasgu'r botwm ar y can paent fe fethodd y chwistrell â gweithio. Ond fe'i cymerwyd e' i'r ddalfa beth bynnag.

'Gan bwyll,' medde Mered, gan feddwl cael cynnig arall, 'wnes i ddim llwyddo i wneud dim byd.'

'Peidiwch â becso,' medde'r Sarjiant, 'fe ddwedwn ni'ch bod chi'.

Fe gymrais i ran mewn nifer o sioeau i godi arian i'r

Gymdeithas. Yng Nghricieth unwaith, yn *Peintio'r Byd yn Wyrdd*, roedd Rhydderch Jones i fod i danio gwn ar y llwyfan. Rhoddodd rhywun getris byw yn y gwn mewn camgymeriad a fe saethodd Rhydd ddau dwll yn y to.

Y peth cynta wnes i gyda'r Cwmni Theatr oedd pantomeim Cymraeg, *Mawredd Mawr*, gyda Wynfford Elis Owen. Wedyn fe gymrais i ran yn *Y Ddwy Stafell* gan John Gwilym Jones, yng nghwmni Sharon Morgan, Dyfan Roberts a Marged Esli. Yn y ddrama roedd Marged Esli'n gorfod newid ei dillad isaf y tu ôl i sgrîn ar y llwyfan. Fe gawson ni sioc un noson o weld ei bod hi'n gwisgo nicyrs pinc. Fe fydde un gwyn wedi bod yn iawn. Ond un pinc!

Roedd mynd ar daith yn hwyl fawr. Rwy'n cofio un daith pan oedd Marged a Sharon yn siario un stafell a Dyfan Roberts a finne yn siario un arall. Fe fydde ni'n pasio nodiadau dwl i'n gilydd yn ystod y nos. Unwaith, roedd Marged yn cysgu drws nesa i Elen Roger Jones, a oedd braidd yn biwritanaidd. Yr ochr arall i Elen roedd stafell John Pierce Jones. O ran diawlineb fe neidiodd John lan a lawr ar ben y gwely gan wneud i'r sbrings wichian er mwyn twyllo Elen fod rhywbeth mawr yn digwydd rhyngddo fe â Marged, a Marged – er mwyn profi i Elen nad oedd dim byd drwg yn digwydd – yn canu nerth ei phen,

'Plant bach Iesu Grist ydyn ni bob un.'

Wrth y bwrdd brecwast y bore wedyn fe drodd Elen at Marged a dweud,

'Mae arnoch chi ymddiheuriad i mi.'

Wedyn, fe dorrodd Elen mas i chwerthin. Roedd Marged wedi dechre meddwl fod Elen o ddifrif, ond yn methu dyfalu pam ddylai hi ymddiheuro iddi – ai am fistimanars rhywiol neu am gael tröedigaeth ysbrydol? Wedi'r cyfan, doedd yr un ohonyn nhw'n wir.

Ar un daith gyda Theatr Mewn Addysg roedden ni'n perfformio mewn rhyw bentre bach, ac ar ôl pryd o fwyd fe aethon ni mas am dro. Fe drodd Sharon yn rhamantus iawn gan anadlu'n ddwfn o'r awyr iach.

'Does dim curo ar natur,' medde Sharon. 'Gwyntwch y blodau a'r perthi. Arogl y wlad. Bendigedig!'

A Marged yn ateb, 'Arogl cachu yw hwnna, Sharon.'

Fe dreuliais i gyfnod yn Theatr Crwban yn Aberystwyth lle'r oedd John Glyn yn rhedeg y sioe. Mewn un o'i ddramâu, *Baled Alun Jones*, rown i'n chware rhan bocsiwr. Fel rhan o'r sgript roedd gen i fonolog pedair tudalen i'w dysgu ar fy nghof ond doedd gen i ddim gobaith cofio'r cyfan. Felly dyma fynd ati i berswadio John Glyn i gael y bocsiwr, sef fi, i sefyll ar y llwyfan a chael tâp o'm llais i yn chware yn y cefndir. Fe wnes i ddadlau ar sail artistig, ond y bwriad oedd arbed gwaith. Fe lyncodd John Glyn yr abwyd, a fe ges i arbed dysgu monolog hir.

Pan oedd y ddrama ar daith fe wnaethon ni ymweld â Rhosllannerchrugog. Uwchlaw'r gynulleidfa yn y cefn roedd bocs goleuo na fedren nhw mo'i weld, ond o'r llwyfan roedd y cyfan i'w weld yn glir. Ar ganol tâp y monolog, a finne'n ymateb i'r geiriau, fe wnes i ddigwydd edrych lan at y bocs. Yno roedd John Glyn a'r dyn goleuo, Brian Sansbury. Fedrwn i ddim credu fy llygaid. Roedd John yn gwbwl borcyn. Rown i'n chwerthin cymaint fel bod dagrau yn llifo lawr fy wyneb, a'r gynulleidfa yn meddwl fy mod i wedi mynd i ysbryd y darn ac yn crïo. Petaen nhw ond yn gwybod y gwir!

O leiaf doedd John Glyn ddim yn cario pastwn wrth gyfarwyddo. Fe fydde Dafydd Hywel yn gwneud hynny, a phetai rhywun ddim yn chware ei ran yn iawn, fe gâi e' belten gan D. H.

Mae unrhyw un sy'n adnabod D. H. yn gwybod am ei natur ddadleuol e'. Fe ddaw pawb o dan ei lach, Undeb Rygbi Cymru, Cyngor y Celfyddydau, y BBC, S4C – popeth dan haul. Roedd gen i hysbysfwrdd bach wedi'i baratoi, a phan fydde fe ar ei uchelfannau fe fyddwn i'n codi'r hysbysfwrdd y tu ôl iddo fe heb iddo wybod. Ar yr hysbysfwrdd roedd y geiriau:

'Y Pregethwr Gwadd heno: Y Parchedig D. H. Evans. Testun: Popeth o dan yr haul.'

Mae e' mor wrthwynebus i'r Sefydliad fel i fi ei fedyddio fe yn Alf Garnant.

Pan oedd D. H. yn cyfarwyddo i Theatr Crwban rown i wedi dysgu gwahanol dermau theatrig jyst er mwyn ei wylltio fe. Un o'r termau hyn oedd *tormentors*, sef fflaps masgio du ar ochr y llwyfan. Mewn cyfarfod cynhyrchu dyma D. H. yn dweud wrth y rheolwr llwyfan y byddai angen fflaps masgio du ar gyfer perfformiad yn Llandysul.

'Iawn,' medde hwnnw, 'fe ddown ni â'r *tormentors*.'

'Na, na,' medde D. H., 'dwi isie'r fflaps masgio du yna.'

Fe aeth y ddadl ymlaen am sbel, a dyma fi'n dweud wrtho iddo fe wneud ffŵl o'i hunan, gan mai enw arall ar y fflaps oedd *tormentors*. Lawr yn Llandysul fe wnaeth e' ddiolch i'r rheolwr llwyfan am gofio dod â'r *tremeloes*!

Fe wnes i gymryd rhan yn rhai o bantomeims Dafydd

Hywel ac mewn un panto roedd ganddon ni fand uniaith Saesneg. Cyn y perfformiad roedd y plant wedi derbyn bagiau o losin, a fe wnes i ddweud wrthyn nhw fod ganddon ni fand arbennig o dda ac y dylen nhw'r plant – er mwyn dangos eu gwerthfawrogiad o'r band – daflu losin atyn nhw. Dyma'r plant yn codi ar eu traed ac yn pelto'r band â losin. Doedd gan y rheiny ddim syniad beth oedd yn digwydd.

Un tro rown i'n chware rhan un o'r *Ugly Sisters* yn y Lyric. Rown i bron marw eisie mynd i'r tŷ bach ond rown i wedi gwisgo mewn sgert fer a teits. Beth wnes i oedd mynd mas o'r theatr drwy'r cefn, croesi'r hewl a mynd i swyddfa'r cyngor. Yno rown i'n mwynhau'r rhyddhad pan gerddodd rhyw ddyn mewn siwt i mewn. Fe edrychodd e'n syn arna i.

'I'm awfully sorry,' medde fe gan ruthro mas nerth ei draed.

Cyfnod difyr oedd hwnnw yn Aber. Rown i'n rhentu fflat wrth ymyl Swyddfa'r Heddlu, ond yng nghartref Lyn a Jên Ebenezer a Dylan a Jac y ci yn Gray's Inn Road fyddwn i'n byw a bod. A helpu weithiau y tu ôl i'r bar yn yr Hen Lew Du.

Roedd bywyd yn Aber yn hyfryd, os yn gwbwl anghyson. Bob bore fe fyddwn i'n rhedeg i Glarach a 'nôl, pellter o tua chwe milltir, er mwyn cadw'n ffit. Cawod wedyn ac yna draw â fi i'r Hen Lew Du i yfed llond bol o gwrw gyda Lyn Eb, a weithiau, gweithio y tu ôl i'r bar. Adre wedyn i'r fflat oedd gen i a gwrando ar Jim Steinman yn canu 'Surf's Up'.

Roedd byw yn y fflat, a oedd ger y Boar's Head, neu'r 'Whore's Bed' fel byddwn i'n galw'r lle, fel byw mewn

bocs sgidiau. Y cyfan oedd yno oedd gwely, un ring ar gyfer coginio, wardrob a basin ymolchi. Fe ddaeth Charli Britton draw gyda fi yno unwaith am ddishgled o goffi.

'Blydi grêt,' medde Charli, 'dim ond tri deg dau blwydd oed wyt ti a mae hyn i gyd gyda ti'n barod.'

Erbyn hyn rown i wedi priodi a wedi cael ysgariad. Fe gwrddais i â Rosemary, neu Rosi, tra oedd hi'n dawnsio yn un o'r pantomeims, a fe fuon ni'n briod am ddwy flynedd. Rwy'n cofio Mam a mam Rosi yn cyfarfod am y tro cynta, a fe wnes i benderfynu chware tric ar y ddwy. Fe aethon ni mas i ginio i Basil's yn y Bontfaen, lle crachaidd iawn yn y dyddiau hynny. Fe ddwedes i wrth Mam y dylai hi siarad yn uchel gan fod mam Rosi yn drwm ei chlyw. Wedyn fe ddwedes i wrth fam Rosi fod Mam wedi derbyn triniaeth i'w chlustiau a'i bod hi'n fyddar fel post. A dyna lle buodd y ddwy drwy'r nos yn gweiddi ar ei gilydd nerth eu pennau.

Rwy'n cofio un noson yn y Llew Du yn Aber pan oedd dwy wraig yn eistedd wrth y tân a finne'n tynnu eu coes nhw. Fe es i'n slei bach i'r gegin a dwyn sosej o'r ffridj. Yna mewn â fi i'r bar a'r sosej yn hongian o nghopis i. Dyma'r ddwy wraig yn sgrechian. Yna dyma nhw'n sgrechian yn uwch wrth i Carlo, ci'r dafarn, gipio'r sosej o nhrowser i a'i llyncu hi o'u blaenau nhw.

Un o gymeriadau mwyaf lliwgar y Llew Du oedd plismon, Terry Marshall. Roedd e'n tyfu *orchids*, yn casglu stampiau, casglu hen glociau a bridio parots, ac roedd ganddo fe hwyad fel anifail anwes o'r enw Wili. Roedd e'n byw ar draws y ffordd, bron iawn. Un diwrnod rown i'n eistedd ar fainc y tu fas yn yfed peint pan stopiodd Terry ei gar heddlu a dod mas. Fe aeth i'w

boced a thynnu mas bâr o gyffion a fe glôdd e' un pen o'r
cyffion am fy ngarddwrn i a'r pen arall am fraich y fainc.
A bant ag e' yn ei gar. Fe adawodd e' fi'n sownd yno am
ddwy awr cyn dod 'nôl a ngollwng i'n rhydd.

Jan Lane oedd yn cadw'r Blac bryd hynny a fe wnes i
chware tric da arni. Fe ddwedes i wrthi fod gen i'r ddawn
i wneud i ferched deimlo'n rhywiol drwy ddefnyddio
pwerau'r meddwl yn unig. Fe wfftiodd Jan hyn, felly fe
fetiais i hanner can ceiniog â hi y medrwn i wneud i
flaenau ei bronnau fynd yn galed heb i fi gyffwrdd â hi o
gwbwl. Derbyniodd Jan y bet a fe wnaethon ni osod darn
hanner can ceiniog yr un ar y cownter. Yna fe wnes i
rhyw ystumiau rhyfedd fel petawn i'n i'n mynd i
berlewyg cyn cydio yn ei bronnau a'u gwasgu.

'Hei,' medde Jan, 'fe wnest ti fetio na fydde ti'n
cyffwrdd â fi!'

'Do,' medde fi, 'a rwy wedi colli'r bet,' a fe roddais i'r
ddau ddarn hanner can ceiniog yn ei llaw hi. Jawch,
roedd y profiad yn werth mwy na hanner can ceiniog!

Byddai Jan yn trefnu tripiau rygbi i Iwerddon ar gyfer
y gêm ryngwladol bob dwy flynedd. Un flwyddyn fe
wnes i ymuno â'r trip gan siario stafell â gohebydd y
Cambrian News, Arthur Williams. Un bore rown i
wrthi'n siafio pan gerddodd Arthur i mewn i'r bathrwm
ac eistedd ar sêt y tŷ bach wrth fy ochr i. Ddim yn unig
hynny ond roedd ganddo fe ddigon o wyneb i roi pregeth
i fi am feiddio siafio wrth ei ymyl tra oedd e'n caca! Ar
gyfer y trip hwnnw rown i wedi tyfu barf. Ond ar ôl
cyrraedd Dulyn fe wnes i siafio hanner y barf i ffwrdd
gan beri cryn ddryswch i bawb.

I ddilyn Jan yn y Blac Bach fe ddaeth Meurig a Mair

Evans, ac roedd Meurig yntau yn un oedd yn chware pob math o driciau. Pan fydde llond y bar o ymwelwyr fe fydde Meurig yn pysgota ar ganol y llawr gan ddal ciw pŵl a chortyn wedi'i glymu wrth ei flaen mewn padell blastig. Wedi'i glymu wrth ben arall y cortyn roedd coes cyw iâr.

Un diwrnod fe stopiodd Meurig y drafnidiaeth y tu fas i'r Llew ar Heol y Bont er mwyn i haid o forgrug groesi'r stryd. Bryd arall, a finne yn y tŷ bach, fe wacaodd e' gynnwys diffoddwr tân drosta'i. Roedd y cyfnod yn Aber yn gyfnod cwbwl wallgof.

Yn Aber own i pan anwyd Dylan, mab Lyn a Jên, yn Ysbyty Bronglais yn y dre. Fe gymrwyd Jên i mewn i'r ysbyty a rown i wedi llwyddo i berswadio Lyn i fynd am beint i setlo'i nerfau. Fe wnaeth hynny'r ffordd yn glir i fi fynd lan i'r ysbyty i ddweud wrth y doctor mai fi oedd y tad, a 'mod i am fod yn bresennol yn ystod yr enedigaeth. Yn ffodus i Jên fe fu'n rhaid iddi gael genedigaeth Cesaraidd. Ond wedi i Dylan gael ei eni roedd staff y ward yn dal i feddwl mai fi oedd gŵr Jên a fe ges i weld Dylan o flaen Lyn. Rwy'n cofio i fi dwyllo Jên fod Lyn eisoes wedi bedyddio'i fab yn Arlo, ar ôl enw mab Woody Guthrie. Fe aeth Jên o'i cho.

Mae Jên yn gapelwraig ffyddlon ac yn athrawes Ysgol Sul a fe fedyddiais i hi'n 'Jên Fach yr Arglwydd'. Ar draul ei ffyddlondeb hi i'r capel rwy wedi chware pob math o driciau arni. Un bore dydd Sul roedd hi'n gadael y tŷ ar ei ffordd i'r capel. Roedd nifer o gapelwyr eraill yn pasio heibio ar y pryd ac fel oedd hi'n ymuno â nhw fe sefais i yn y drws yn fy mhants a gweiddi arni,

'Diolch yn fawr, Mrs Ebenezer, yr un pryd yr wythnos nesa eto, os gwelwch chi'n dda.'

Doedd hi ddim yn gwybod ble i droi.

Un noson wedyn, roedd Jên yn sgwrsio â dau o bobol y capel yn y gegin; Lyn, fel arfer, yn gorwedd ar y soffa yn y stafell ffrynt, a finne lan llofft yn darllen. Gyda llaw, rwy wedi rhybuddio Lyn, os caiff e' a Jên ysgariad, am wneud yn siŵr y caiff e' feddiant o'r soffa neu fydd dim swyddfa gydag e'! Beth bynnag, ar y noson dan sylw, wrth i Jên sgwrsio â'r ymwelwyr fe gerddais i lawr y grisiau ac i mewn i'r gegin yn borcyn, ar wahân i un hosan ddu (a ddim am fy nhroed i oedd hi chwaith), a dweud,

'O, chi'n dal yma, ydych chi? Dim ond dod lawr i nôl glasied o ddŵr.'

Fe lenwais i lond cwpan o ddŵr a cherdded mas. Roedd hi'n werth gweld wyneb Jên.

Bryd arall, fe alwodd y gweinidog i drafod materion y capel. A fe wnaeth e' ofyn i Jên a gâi e' ddefnyddio'r toiled. Ar wal y toiled roedd llun o hysbyseb sebon Pears – llun merch fach yn golchi ci, a'r ci yn ffroth i gyd ac yn edrych yn gas. Pan ddaeth y gweinidog 'nôl roedd e'n gwenu.

'Mae llun bach neis gyda chi ar wal y bathrwm,' medde fe.

'Oes,' medde Jên, 'llun bach neis iawn. Wi'n falch bo' chi'n leicio fe.'

Roedd y gweinidog yn dal i wenu wrth iddo fe adael. A'r hyn na wydde Jên oedd fy mod i wedi ysgrifennu geiriau yn dod mas o geg y ci yn dweud,

'Os dwtshith hon â'n wili i 'to, fe fydd 'na uffarn o le 'ma.'

Mae 'na stori dda am Lyn a Jên wedi iddyn nhw symud o'u hen gartref yn Grays Inn Road i Allt Penglais, i dŷ mwy o faint. Un bore fe dderbyniodd Lyn alwad ffôn oddi wrth yr actores Siân Wheldon. Roedd y ddau yn adnabod ei gilydd ond doedd Lyn, druan, ddim yn disgwyl yr hyn ddwedodd Siân, sef ei bod hi'n dod i aros gydag e' a Jên am chwe wythnos tra oedd hi ar daith ddrama. Nid gofyn am gael aros ond dweud ei bod hi'n dod yno. Fe gafodd Jên gryn sioc pan ddwedodd Lyn hynny wrthi.

Yr wythnos wedyn dyma Siân yn cyrraedd yn llwythog o fagiau ac yn gofyn am gael gweld ei stafell.

'Ie, iawn,' medde hi, 'ond trueni nad yw hi yn *en suite*.'

A Lyn, erbyn hyn, yn meddwl yn fwy nag erioed fod gan hon wyneb. Ond fe aeth hi yn ei blaen i ddweud beth a phryd oedd hi am fwyta o ran brecwast a chinio nos, gan bwysleisio nad oedd hi'n bwyta cig. A felly y buodd pethe, Siân yn taflu gorchmynion a Lyn a Jên yn ufuddhau. Yna, ryw dridiau ar ôl iddi symud i mewn, dyma Siân yn digwydd dweud wrth Jên mor ffodus oedd hi fod yr Ebenezers yn cadw tŷ lodjin. Fe aeth hi'n dawelwch llethol am sbel.

'Dy'n ni ddim yn cadw lodjyrs,' medde Jên.

A dyma Siân yn cochi fel tomato ac ac yn tagu ar ei chorn fflêcs cyn gweiddi,

'Blydi Dewi Pws!'

Roedd Siân wedi dweud wrtha i tua mis yn gynharach ei bod hi'n chwilio am lodjins yn Aber a fe ofynnodd a wyddwn i am le da iddi.

'Ma' Lyn a Jên Ebenezer wedi agor tŷ lodjins ar Allt Penglais,' medde fi. 'Dyna le da i ti.'

Fe weithiodd y tric yn berffaith!

Y tric diweddaraf i fi ei chware ar Jên oedd ei ffonio hi ar Ddiwrnod Ffŵl Ebrill i'w thwyllo hi fod Cliff Richard wedi marw. Mae hi'n dwli ar Cliff. Yn anffodus, mae e'n dal yn fyw. Dim ond jôc, Jên!

Fe wnes i hefyd chware tric go dda ar Lyn. Roedd e' mas gyda Jac y ci ar y stryd fawr ar ddiwrnod braf yn yr haf ac yn methu â deall pam oedd pobol yn syllu ar Jac. Roedd y ci yn gorwedd ar y pafin a'i fol at yr haul. Yna fe sylweddolodd Lyn beth oedd o'i le. Rown i wedi defnyddio pen ffelt gwyrdd i farcio bol y ci â saeth, a honno'n pwyntio at ran arbennig o'i gorff. Uwchben y saeth roedd y geiriau 'Wili Jac'.

Druan o Jac, pan welai e' fi roedd e'n mynd yn rhacs. Roedd angen *valium* arno fe, waeth roedd e'n gwybod y gwnawn i chware rhyw dric neu'i gilydd arno fe byth a beunydd.

Fe fues i'n mynd i nôl Dylan o'r ysgol droeon a fe chwaraeais i dric arno fe hefyd! Roedd ganddo bysgodyn aur mewn bowlen a, chyn mynd i nôl Dylan un diwrnod, fe wnes i symud y pysgodyn i fowlen arall. Wedyn fe gerfiais bysgodyn aur mas o ddarn o foron. Pan ddaeth Dylan adre dyma fi'n cydio yn y darn moron o'r dŵr a'i ysgwyd e' fel petai e'n fyw a'i lyncu fe o flaen y crwt. Fe wnaeth e' sgrechian ei ben bant nes iddo fe weld y pysgodyn yn fyw ac yn iach mewn bowlen arall.

Yn ystod fy nghyfnod yn Aber fe wnes i greu teulu dychmygol, Tomi Evans a'i wraig, Vera. Roedd ganddo fe frawd, Eddie a hoffter y tri fyddai canu gwlad lawr yn y

Con Club. Nodwedd Tomi oedd ei lais tenor *falsetto*. Ei hoff gân oedd 'Home on the Range'. Roedd e'n hoffi 'Please Release Me' hefyd. Ac 'Achub gan y Gloch', cyfieithiad Treflyn o 'Saved by the Bell'. Weithiau yn nhafarn y Blingwyr fe fyddwn i'n mynd mas ac yn canu y tu ôl i ddrws y bar. Yna fe fyddwn i'n cerdded mewn a dweud,

'Mae'r blydi Tomi Evans 'na y tu fas eto. Mae e'n niwsens.' A fe fydde pawb – ond fy ffrindiau agosaf a oedd yn deall y jôc – yn credu fod Tomi yno a'i fod e'n ddyn go iawn.

Fe wnes i dwyllo Vaughan Hughes yn Steddfod Cricieth drwy ganu y tu fas i'w stafell e' yn y Gwynfryn Plas a rhoi'r bai ar Tomi. 'Home on the Range' oedd y gân y noson honno hefyd. Fe lyncodd yntau'r stori. Mae gan Lyn a Jên gerdyn o hyd yn eu llongyfarch ar enedigaeth Dylan oddi wrth *Tomi, Vera, Eddie and all the boys at the Con Club.*

Rown i wrth fy modd yn byw yn Aber. Roedd e'n lle da am gymeriadau – pobol fel Sinatra. Un noswyl Nadolig fe arestiwyd e' ar gefn asyn. A phan ofynnodd yr heddlu iddo ble oedd e'n mynd, ei ateb oedd,

'Blydi Bethlehem.'

A Paul Edwards wedyn. Un dydd yn y Llew Du fe ddaeth bachan i mewn gyda chi Jac Rysel ar dennyn.

'What's that bloody rat you've got?' gofynnodd Paul.

'That's not a rat, it's a dog,' medde'r bachan. A Paul yn ateb,

'I was talking to the bloody dog.'

Weithiau fe fydde Mam yn dod i Aber i aros gyda Lyn a Jên. Un noson roedd hi wedi bod gyda nhw tan yn hwyr yn y Llew Du ac yn cerdded 'nôl gyda nhw lawr Grays Inn Road. Dyma hi'n edrych draw i'r pellter a gweld golau'r traffig yn mynd lan a lawr Rhiw Penglais.

'Jiw, jiw,' medde Mam, 'ma'r ffair yn dal yma.'

Roedd hi'n credu ei bod hi'n gweld y 'Big Wheel'.

Un diwrnod arall roedd clais ar ysgwydd Jên.

'Be ddigwyddodd?' medde fi.

'Baglu dros y *bedside cabinet*. Dyna le dwl i adael *bedside cabinet* – reit wrth ochr y gwely!'

PERLAU PWS

Yn ein perfformiad cyntaf o 'Dwy Stafell' gan John Gwilym Jones gyda Chwmni Theatr Cymru, roedd Dewi a Dyfan a Sharon a minnau yn chwarae rhannau dau fyfyriwr a dwy fyfyrwraig. Roedd y llwyfan wedi'i rannu'n ddau fflat, ac mewn un olygfa symbolaidd, roeddwn i i fod i newid fy nillad isaf o rai gwyn i rai du. Roedd angen i mi newid ar y llwyfan y tu ôl i sgrîn. Roedd y criw llwyfan wedi gaddo y byddwn i allan o olwg pawb, ond roedd Al Êfs a Wil Tabs wedi gosod drych ar ongl gyferbyn fel fod y criw cefn llwyfan yn medru gweld y cyfan. Meddyliwch! A minnau'n ferch o Sir Fôn!

Ar noson ola'r daith fe chwaraewyd tric ar Dewi a minnau. Ar un ochr i'r llwyfan roedd o yn gwisgo ar gyfer cyfarfod â mi tra roeddwn i yn gwisgo fy nillad isaf yn y fflat arall. Dim ond Dewi a fi oedd ar y llwyfan a doedd dim modd gadael y llwyfan o gwbwl. Heb yn wybod i ni, roedd y diawliaid wedi taenu powdwr cosi ar ein dillad isaf ni. Wrth i mi agor y drws fel ateb i gnoc Dewi fe fedrwn weld ei fod o mewn trafferth. Roedd chwys yn llifo i lawr ei wyneb a'i wallt o'n wlyb ac yn fflat ar ei ben.

95

Yn yr olygfa roedden ni i fod i gael rhyw gusan bach swil, ond yn yr achos hwn fe gafwyd y gusan mwyaf nwydwyllt a welwyd ar unrhyw lwyfan yng Nghymru erioed. Roedden ni'n ysu i afael yn ein gilydd, ddim am ein bod ni'n sydyn wedi syrthio mewn cariad ond er mwyn rhwbio yn erbyn ein gilydd a chael gwared â'r cosi. A'r ddau ohonon ni'n cosi yn yr un mannau tra'n perfformio o flaen cynulleidfa Gymraeg barchus. Roedden ni'n cosi gymaint fel i ni grafu'n hunain nes oedden ni'n goch.

Felly, am unwaith, fe gafodd Dewi ei hun ei ddal. Ond un tric a wnâi lwyddo bob tro oedd yr un a chwaraeai Dewi wrth yrru fan wen y cwmni. Bryd hynny fe gawn i eistedd gydag o yn y tu blaen. Wrth ddod at ddarn syth o ffordd fe fyddai Dewi yn rhoi rhyw winc fach a minnau'n gafael yn slei bach yng ngwaelod yr olwyn lywio. Yna fe fyddai Dewi yn codi ac yn troi at y criw yn y cefn a gofyn am dân i'w sigaret. Fe âi'r criw i banig llwyr wrth feddwl fod y fan yn mynd o ran ei phwysau ei hunan heb yrrwr. Fe weithiai'r tric bob tro.

Mae Dewi yn medru bod yn ddyn difrifol iawn, ac yn aml mae'n amhosib penderfynu a yw'n tynnu coes ai peidio. Un tro fe ddywedodd, yn gwbl ddifrifol, mai damwain oedd iddo gael ei genhedlu a bod ei fam am ei wrthod. Roedd o mor ddifrifol fel i mi ei gredu. Na, doedd ei fam ddim o'i eisiau mewn gwirionedd. Yn wir, meddai Dewi, fe wnaeth hi hyd yn oed gofyn i'r doctor am erthyliad. A'r doctor yn ateb,

'Mrs Morris fach, ydych chi ddim wedi gadael pethe braidd yn hwyr? Wedi'r cyfan, mae o bron yn bymtheg oed.'

Fe fu Dewi a minnau'n cyflwyno cyfres i blant bach, 'Pili Pala' ac roedden ni o dan gryn bwysau gan fod angen ffilmio tair rhaglen mewn un prynhawn. Mewn un man roedd Dewi

*Dad a Mam, Glan a Ray Morris
ar ymweliad â glan y môr.*

*Gyda Mam a Dad ym mwlch
Abergwesyn, un o'm hoff fannau
pan yn blentyn.*

*Aelod o gân actol – fi yw'r Tylwythyn Teg ar y dde yn y rhes flaen.
Blydi ffêri!*

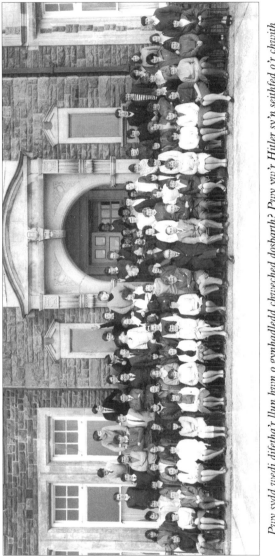

Pwy sydd wedi difetha'r llun hwn o gynhadledd chweched dosbarth? Pwy yw'r Hitler sy'n seithfed o'r chwith yn y rhes ôl? Oes angen dweud?

Yn athro yn Ysgol Moorlands Road, Caerdydd ac yn cael y dosbarth i ganu.

Y poseur ar lan y môr yn Aberystwyth.

Ennill cystadleuaeth Cân i Gymru. John Rowley o'r BBC yn cyflwyno'r wobr i fi fel cyfansoddwr, ac Eleri Llwyd, a ganodd 'Nwy yn y Nen'.

*Dysgu Dylan Ebenezer i fod yn
ddrwg – a llwyddo!*

*Y briodas fawr yn 'Pobol y Cwm',
Wayne a Cadi, sef fi a Betsan Jones.*

*Y Dyn Creu o 'Miri Mawr', cyfaill agos Lady Plowden a Gwilym Owen,
gyda Blodyn Tatws.*

Ar set 'Grand Slam' ym 1978, fi fel Glyn a Windsor Davies fel Mog gydag awdur y sgript, Gwenlyn Parry.

Ble fi'n dechre o? Y mega seren Ricky Hoyw gyda Nia Caron ar 'Torri Gwynt'.

Ydych chi'n cofio Tri Penyberth? Wel, dyma deyrnged 'Torri Gwynt' iddyn nhw – fi, William Thomas a Gareth Lewis, y tri wnaeth losgi toilet Penybonc (yn ddamweiniol).

Criw 'Hapus Dyrfa' yn edrych fel y 'Waltons' ar ddiwrnod gwael.

Rwy isie bod mewn band roc a rôl - yr hen rocyr ei hun.

Yng nghwmni Cleif mewn aduniad o Edward H.

Seibiant yn ystod taith godi arian yn Aberystwyth. Dim rhyfedd fod Jac, ci Lyn Ebenezer, yn troi ei gefn arna'i!

Fy ffrindiau golff yn fy nghyfarch. Sylwch mai'r unig un sydd ddim yn saliwtio fel Hitler yw'r Uberleutnant Emyr Wyn.

*Fel hyn wnes i alw yng nghartref Peter
Elias Jones un prynhawn dydd Sul.*

Chwarae golff fel aelod o'r SAS.

*Mae'r Wyddfa wedi cau, dim i'w
wneud ond mynd adre.*

*Fi a Dennis Pritchard Jones ar
awr wan.*

Does dim modd dianc, oes e'?
Siop recordiau yn Bali wedi
dwyn fy enw.

Wrth fy modd ar uchelderau'r
Grib Goch.

Fy hoff fan gwyliau – yn yr haul ar ynys Symi.

Dysgu cord newydd i Dafydd Iwan.
Mae ganddo fe bedwar nawr.

Fi a Charli mewn parti
gwisg ffansi. Dwi wedi
gwisgo barf a sbectol
Robat Gruffudd,
Y Lolfa. 'Ha–ha–ha!'

Chwat ith ddy thŵp?
Fi a'r arwr golff mawr,
Seve Ballesteros.

*Mam a fi gyda Gareth
Edwards a Lyn Davies.
Pam mae gwallt Lyn yn
dal mor ddu?*

*Mwynhau peint gyda'r
dewin ei hun,
Phil Bennett.*

Newydd briodi, a Rhiannon eisoes yn bôrd.

Rhybudd olaf Rhiannon ar ddiwrnod y briodas – 'Ti fydd yn golchi'r llestri!

. . . A roedd hi'n iawn!

Enillwyr Pencampwriaeth Golff Tim Rice –
fi, Rocky Tyler, Gareth Roberts ac Emyr Wyn.

Fi yn Fiet-nam a ddim yn becso dam!

a minnau'n plygu dros dudalennau mawr o bapur ac yn gwneud lluniau a finnau'n gofyn,

'A beth wyt ti'n ei wneud Dewi?'

A hwnnw'n ateb, 'Rwy i'n gwneud llun pili-pala, Marged.'

Ac yna'n sydyn dyma fo'n taro uffarn o rech.

Erbyn y rhaglen nesaf roedd Dewi wedi newid rhyw ychydig ar y set. Yn y cefndir roedd rhes o deganau bach ar ffurf anifeiliaid – Tedi Bêr, asyn, chwadan, broga ac yn y blaen. Fe osododd Dewi'r broga ar gefn y chwadan.

Ar ddiwedd y ffilmio fe gawson ni'r sac, a hynny am fod Dewi wedi taro rhech ond y rheswm swyddogol oedd diffyg disgyblaeth ar y rhaglen. Fe aeth yr ail raglen allan heb i neb sylweddoli fod y broga ar gefn y chwadan.

MARGED ESLI

Fe ddaeth Dewi i Aberystwyth fel aelod o Theatr Crwban yn syth o deledu. Fe fyddwn i'n tynnu ei goes a dweud wrtho ei fod o'n drewi o deledu ac na wnâi o byth actor. Digrifwr fyddai o weddill ei oes. Y gwir amdani, wrth gwrs, yw ei fod o'n actor gwych, yn actor cynhenid.

Fe actiodd mewn dwy ddrama i Theatr Crwban, un wedi ei hysgrifennu gan R. Gerallt Jones yn cael ei chyfarwyddo gan Dafydd Hywel, a 'Baled Alun Jones', drama am y byd bocsio y gwnes i ei hysgrifennu a'i chyfarwyddo.

Fe dwyllodd Dewi fi'n llwyr drwy awgrymu y dylwn i recordio monolog hir ganddo ar dâp a'i gael o i actio dros ei lais ei hun. Wedyn y gwnes i sylweddoli mai ffordd i osgoi dysgu ei linellau oedd hyn ond fe lwyddais i dalu'n ôl iddo. Roedd monolog hir arall yn y ddrama ac fe sylwais, wrth i'r daith fynd yn ei blaen, fod Dewi yn pwyso'i ben, bron iawn, ar un o byst y sgwâr bocsio oedd ar y llwyfan wrth actio'r rhan honno. Fe fydda fo'n plygu gyferbyn â'r postyn arbennig hwnnw, yn mynd i ryw emosiwn mawr ac yn rhoi perfformiad ardderchog a minnau yn ei ganmol am lwyddo i gofio'i linellau mor dda. Ond, un noson, fe sylwais i pam yr oedd Dewi yn perfformio o flaen y postyn arbennig hwnnw. Roedd o wedi ysgrifennu ei linellau arno mewn pensel. Heb unrhyw rybudd fe beintiais i dros y llinellau a phan ddaeth hi'n fater o'i hadrodd nhw yn y perfformiad nesaf y cyfan glywais i o enau Dewi oedd ochenaid ddofn ac yna malu awyr llwyr wrth iddo geisio cofio'i linellau.

Cyn i ni fynd ar daith gyda 'Baled Alun Jones' fe'n gwahoddwyd ni ar 'Raglen Hywel Gwynfryn' ar y BBC yn Llandaf. Roeddwn i, Alun Elidir, Dewi a'r technegydd, Brian Sainsbury yn aros yn Llety Cymro. Ar ôl y rhaglen fe ben-derfynodd Dewi a Brian fynd i gamblo i'r Casino. Fe wrthodais i gan mai fi oedd â gofal arian y llety, a doeddwn i ddim am gael fy nhemtio i wario hwnnw ar gamblo. Wrth i mi gerdded tua'r gwesty fe basiodd fan Crwban a dyma weld Dewi yn chwifio'r amlen oedd yn dal yr arian llety. Fe ddaethon nhw 'nôl wedi gwario'r cyfan a fe fu'n rhaid i mi aros i'r banc agor iddyn nhw dynnu digon o arian allan i dalu'r bil.

Tra roedd o gyda Theatr Crwban roedd Dewi'n aros mewn 'bed-sit' a oedd yn rhy fychan i gorrach ymestyn ei goesau ynddi. Ond doedd dim gwahaniaeth. Roedd o'n treulio'i amser yn cysgu yn nhai pobol eraill.

Ers tro bellach mae o a minnau yn ôl gyda'n gilydd – ar 'Rownd a Rownd' – a phawb o bob oedran yn dod ymlaen yn wych gyda Dewi. Does neb o'r actorion ifainc yn edrych arno fel hen ddyn.

Ond mi ydw i.

JOHN GLYN OWEN

Ond Ble Oedd Ems?

Fe dalodd fy mhrofiad gyda'r band taro yn Ysgol Lôn Las, y gwersi gitâr yn Ysgol Dinefwr, fy aelodaeth o grŵp y Wayfarers, y nosweithiau llawen gydag Aelwyd Treforys a gweithgareddau Glanllyn ar eu ganfed pan wnes i ymuno â'r Tebot Piws.

Yn y coleg own i, a'r Tebot eisoes wedi ei ffurfio. Yn wir, roedd Ems, Sbardun a Stan yn aelodau o grŵp o'r enw Potiwrs Gwynedd, cyn iddyn nhw newid yr enw i'r Tebot Piws. Doedd Potiwrs Gwynedd ddim yn rhyw enw parchus iawn, yn enwedig o gofio fod Stan yn fab y Mans.

Wrth edrych 'nôl, maen nhw o'r farn mai yn y coleg wnaethon ni gwrdd gynta. Rwy'n amau'n fawr gan nad own i yno'n ddigon aml i gwrdd â neb. Rwy'n credu mai tafarn y New Ely ddaeth â ni at ein gilydd yn wreiddiol. Yno y byddwn i'n astudio ar gyfer fy arholiadau terfynol, y ffeinals – ac yno wnaeth Stan fy helpu i swotio. Fe fydde fe'n rhoi profion i fi wrth i fi adolygu yn yr Ely ac oni bai am Stan dwi ddim yn meddwl y byddwn i wedi pasio. Fe wnaeth e' ddysgu pob math o benillion i fi:

> Yn ôl eich clociau heirdd,
> Bob bore, codwch chwi;
> Y wawr neu wyneb haul
> Yw'r cloc a'n cyfyd ni.

Os dwi'n cofio'n iawn, Ceiriog oedd yr awdur. Yn wahanol i Alun Mabon, amser agor y New Ely fydde'n fy nghodi i. Yn wir, os dysgais i unrhyw beth yn y coleg, dysgu byw gyda phobol eraill oedd hynny. A mae honno'n wers bwysig. Os na allwn ni ddod ymlaen gyda'n gilydd does gyda ni ddim gobaith. Bywyd coleg oedd y cyfle cynta ges i o ran byw gyda chriw o bobol ifanc yr un oedran â fi. Doedd gen i ddim amser i Addysg fel pwnc ond y coleg fu'n gyfrifol am roi i fi'r syniad o Gymreictod. Rown i wedi astudio Cymraeg fel pwnc yn yr ysgol uwchradd, ond doedd gen i fawr o ddiddordeb yn yr iaith fel rhywbeth gwleidyddol. Dim ond un lein o farddoniaeth Gymraeg fedra i gofio i fi ddysgu yn yr ysgol uwchradd erioed:

A'r nos a fu yn Ronsyfál.

Wedyn wnes i sylweddoli fod modd cymdeithasu drwy'r Gymraeg, a hynny lawr yn y New Ely gyda Stan a'r bois a John Les, a ddaeth yn rheolwr i'r Tebot. Yno wnes i ddarganfod bywyd go iawn.

Y rheswm wnes i gymryd at y Tebot oedd eu hawydd nhw i beidio â chael eu hystyried o ddifri fel act. Hynny yw, roedden nhw'n broffesiynol drwy beidio â bod yn broffesiynol. Doedden nhw ddim am wneud pob cân, pob act yr un fath. Roedd *ad lib* yn bwysig, ac os nad oedd e'n gweithio, yna doedd e' ddim yn gweithio. Ond roedd yr ymateb i ni mewn neuaddau ac mewn gwerthiant recordiau yn profi fod pobol yn ein leicio ni.

Yn y stafell gyffredin yn y coleg wnes i gyfarfod ag aelodau'r Tebot Piws gynta, medden nhw. Hwyrach eu bod nhw'n iawn. Ble bynnag ddigwyddodd e', o ddod i nabod Ems, Stan a Sbardun fe ddechreues i gymryd diddordeb yn yr hyn roedden nhw'n ei wneud. Rown i wedi sgrifennu ambell gân a fe wnes i gynnig rheiny iddyn nhw cyn ymuno â nhw fel pedwerydd aelod.

Doedden ni ddim at ddant pawb, wrth gwrs. Fe fydden ni'n gwneud pethe'n wahanol, fel y noson honno pan oedd Charles Williams yn cyflwyno.

'Dwi ddim wedi'u gweld nhw o'r blaen,' medde Charles wrth y gynulleidfa, 'ond maen nhw'n deud wrtha i eu bod nhw'n canu'n dda.'

Dyma fe'n codi ei law i ochr chwith y llwyfan, lle'r oedden ni fod ddod i mewn, a gweiddi,

'Y Tebot Piws!'

A ninnau'n dod i mewn yr ochr arall.

Roedd props yn bwysig iawn i ni ac un ohonynt oedd coes rwber. Wedyn fe ffeindies i goeden ffug roedd rhywun wedi bod yn ei gwisgo mewn pantomeim neu rywbeth tebyg, boncyff y goeden ar gyfer y corff a dwy gangen ar gyfer y breichiau gyda thwll yn y top i'r wyneb. Wnes i ddim dweud wrth y lleill, yn enwedig wrth Stan. Unwaith wnâi Stan ddechre chwerthin, fedre fe ddim stopo. Felly fe es i oddi ar y llwyfan a dod 'nôl yn gwisgo'r goeden yma, corff a dwy fraich rwber. Roedd Stan yn ei ddyblau, yn ffaelu codi lan.

Peth arall fyddwn i'n ei wneud i gael Stan i chwerthin oedd cymryd arnaf fod atal dweud arna i wrth ynganu'r llythyren 'p'. Fe fyddwn i'n troi ac yn edrych yn llygaid Stan a chanu,

'O, mae'r oriau mân yn p-p-p-pasio...'

Ac wrth ynganu'r 'p' fe fyddwn i'n poeri i bobman, dros Stan gan amlaf.

Wnes i ddim canu ar y record gynta. Os gofia i'n iawn

doedd dim digon o feicroffôns ar gael. Rwy'n siŵr mai'r gwir oedd bo' fi ddim yn gallu canu mewn tiwn ac yn methu chware'r gitâr. Tra buon nhw'n recordio fe es i mas am beint.

Erbyn y drydedd record roedd gyda ni fwy o ddiddordeb yn y sain cefndir. Fe aethon ni i Rockfield i wneud honno a chael adnoddau stiwdio iawn gyda thechnegwyr oedd yn deall eu stwff. Roedd band James Hogg, criw o offerynwyr di-Gymraeg o Cimla yn bwysig yn hyn o beth. Roedd Huw Jones, â'i lygad ar y geiniog, yn ofni y bydden nhw'n codi gormod. Ond na, dim ond ychydig bunnoedd wnaethon nhw godi. Roedden ni eisoes wedi gwneud dwy sioe theatr gyda James Hogg, felly roedden ni'n eu hadnabod nhw'n dda.

Ychwanegiad arall oedd Hefin Elis ar yr organ a'r piano. Rwy'n credu i fi gwrdd ag e' cyn hynny – mewn rhyw hostel Byddin yr Iechydwriaeth, mwy na thebyg. Fe wnaeth Hefin, os dwi'n cofio'n iawn, chware ar 'Dy'n ni ddim yn mynd i Birmingham'. Fe sgrifennais i honno mewn rhyw fflat yng Nghaerdydd gyda Stan a Sbardun mewn dwy funud.

Wn i ddim faint o bobol heddiw sy'n gwybod am y stori y tu ôl i'r gân. Doedd ganddon ni ddim stiwdio yng Nghaerdydd i wneud *Disg a Dawn*, roedd yn rhaid mynd i Pebble Mill yn Birmingham, ond doedden ni ddim am fynd lan yno. Fe aethon ni yn y diwedd ond y pwynt oedd y dylen ni gael stiwdios addas yma yng Nghymru, hynny yw, stiwdios lliw.

Fe fydden ni'n ysgrifennu'r caneuon dwli yn y car wrth deithio i noson lawen neu gyngerdd. Fe seiliwyd

'Ie, Ie, 'na Fe' ar gymeriad o Sir Benfro a fydde'n gorffen pob sylw gyda'r dywediad hwnnw.

Mewn noson lawen yn y Drenewydd roedden ni wedi canu ein holl *repertoire* a'r gynulleidfa'n gweiddi am fwy. Wrth adael y llwyfan fe addewais y bydden ni 'nôl toc gyda chân newydd. Ymhen pum munud roedden ni 'nôl yn canu 'Godro y Fuwch'. Y cyfan wnaethon ni oedd addasu geiriau Cymraeg i'r hen gân *blues* Americanaidd 'Walking the Dog'. Y tro cyntaf, 'Cerdded y Ci' oedd ei henw ond fe newidiwyd hynny i 'Godro y Fuwch', ar anogaeth Gareth Meils.

Mae rhai o ganeuon y Tebot wedi'u cyfieithu gan ryw Wyddel. Fe wnaeth rhyw grŵp o'r enw Tŷ Bach ar label Outlet recordio 'Tyrd i Ffwrdd' a 'Lleucu Llwyd' mewn Gwyddeleg. Fe ges i uffarn o syndod 'nôl yn 1974 yn yr Ŵyl Ryng Geltaidd yng Nghillairne wrth glywed criw yn eu canu mewn Gwyddeleg. Fe gawson nhw sioc hefyd pan wnes i ymuno â nhw gan ganu'r caneuon yn Gymraeg.

Rown i wedi sgrifennu geiriau 'Nwy yn y Nen' yng Nglanllyn a dwi'n cofio Twm Prys a'r bois yn dod mewn wrth i fi ei chanu hi. Wrth ddod at y darn,

> Mae nwy yn y nen
> Ac mae'r lleuad yn wen...

fe ofynnais iddyn nhw a oedd gyda fi hawl i ddweud fod y lleuad yn wen. Onid 'y lleuad yn wyn' ddyle fe fod? Fe fu yna drafodaeth frwd. Fy agwedd i oedd, beth yw'r ots? Mae gen i ryw syniadau gwahanol i bobol eraill am eiriau benywaidd a gwrywaidd. Er enghraifft, i fi, benywaidd yw'r môr. Mae 'y fôr' yn gwneud mwy o synnwyr i fi na 'y môr'.

Fe enillais i hanner canpunt am 'Nwy yn y Nen' yng nghystadleuaeth 'Cân i Gymru', gyda Eleri Llwyd yn canu. Heddiw mae enillwyr 'Cân i Gymru' yn cael deng mil o bunnau. Fe gyflwynwyd y siec i fi gan bennaeth adran gyhoeddusrwydd y BBC ar y pryd, John Rowley. Own i ddim wedi ymddangos yn ffurfiol ar y teledu o'r blaen a dyma Mr Rowley yn gofyn cwestiwn i fi,

'Wel, Dewi, ddaru chi freuddwydio y buasech chi'n ennill?'

Wyddwn i ddim beth i'w ateb. Y cyfan ddwedes i oedd, 'Hy... hy... ym... hy...'

'Wel,' medde Mr Rowley, 'dyna fe, fe gawn ni glywed y gân fuddugol unwaith eto.'

A dyma fe'n troi at Huw Jones, a oedd yn cyflwyno'r rhaglen a dweud, 'Diwedd! Wyddwn i ddim nad oedd o'n siarad Cymraeg!'

Mae llawer wedi cyfeirio at 'Nwy yn y Nen' fel cân gydag athroniaeth, fel cân Adferol neu bregeth werdd yn ymwneud â'r perygl i'r amgylchedd ac yn y blaen, a bod rhyw symbolaeth ynddi. Y gwir amdani yw i fi ei hysgrifennu hi ar ôl taith mewn tacsi i glwb nos yng Nghaerdydd yng nghwmni Sbardun a Stan. Fe sylwes i ar arwydd Nwy Cymru – Wales Gas, oedd ar dŵr uchel wrth ochr y stryd, ac ar unwaith dyma fi'n canu'r lein,

'Mae nwy yn y nen...'

Ond mae hi'n cael ei hystyried o hyd fel cân â neges iddi. Falle bod hynny'n wir ond ddim fel'ny oedd hi i fod ar y dechre; yn ddamweiniol y daeth unrhyw neges a all fod ynddi.

Ar ben y mynydd mae cwmwl gwyn,
A'r haul yn dawnsio ar donnau'r llyn.

Mae drws yr eglwys wedi'i gloi
A glas y dorlan wedi ffoi,
A'r plant yn gadael am y dre,
A'r plant yn gadael am y dre.

Ond mae nwy yn y nen
Ac mae'r lleuad yn wen
Ac mae rhywbeth o'i le yn y dre,
Oes mae nwy yn y nen
Ac mae'r lleuad yn wen
Ac mae rhywbeth o'i le yn y dre.

Glaw yn disgyn, dagrau o aur,
Sŵn tywyllwch, dawns y dail,
Mae'r ysgol fechan heb ei chân,
Teganau pren yn deilchion mân,
A'r plant yn gadael am y dre,
A'r plant yn gadael am y dre.

A phan ddaw'r gwanwyn i hebrwng yr haf
Mewn dyffryn unig ar fore braf,
Mi glywaf sŵn y tra'd ar ras
Yn dweud ffarwel i'r ddinas gas;
Mae'r plant yn dod yn ôl i'r wlad,
Mae'r plant yn dod yn ôl i'r wlad.

Rwy'n cofio hefyd, wedi i fi gyfansoddi 'Dŵr, Halen a Thân' ar gyfer Adfer, fod y bardd Gwynn ap Gwilym wedi dod ata'i i ddweud gymaint oedd e'n hoffi'r gân. Fe aeth e' ymlaen i ofyn beth oedd yr ystyr y tu ôl i 'Dŵr, Halen a Thân'. Doedd e' ddim yn hapus pan ddwedes i mai cân oedd hi am ferwi wyau.

Cân rwy'n dal i'w hoffi'n fawr yw 'Dilyn Colomen'. Cân acwstig oedd hi gynta. Mae rhywun yn sgrifennu cân heb syniad ar y pryd sut mae hi'n mynd i ddatblygu a fe ddatblygodd hon mewn ffordd a roddodd lawer iawn o bleser i fi. Rown i wedi clywed yr un effaith gan y Moody Blues ac am geisio gwneud yr un peth. Huw Jones oedd yn cynhyrchu'r record ac mae Huw bob amser yn gwybod be' mae pobol eisiau ei glywed. Tra byddwn i eisie mwy o lais a mwy o sŵn cefndir, fe fydde Huw yn awgrymu mwy o bwyll.

Ar ôl blwyddyn gyda'r Tebot Piws fe aeth Ems i Fangor i'r Brifysgol a fe wnaeth hynny hi'n fwy anodd i ni gwrdd. Fuon ni ddim erioed yn rhyw dda iawn am gadw cyhoeddiadau, ond gyda Ems ym mhen arall Cymru fe aeth pethe'n waeth. Cofiwch, doedd Ems ei hun fawr o help – methu troi lan un noson am iddo fe fethu ag agor drws ei stafell wely, methu codi bryd arall am fod y blanced ar ei wely'n rhy drwm. Un nos Sadwrn yn y New Ely dyna lle'r oedd Stan, Sbardun a finne yn gwylio *Disg a Dawn* a'r cyhoeddwr yn dweud,

'A heno, ymhen hanner awr, fe fydd y Tebot Piws yn canu i chi yn Llanon.'

Fe ddaeth hyn fel tipyn o sioc i ni. Yn y dyddiau hynny roedd Llanon tua phum awr o daith o Gaerdydd. Dim gobaith cyrraedd mewn pryd, felly. Yr hyn wnaethon ni oedd cynnig mynd yno rywbryd eto am ddim. Fe ddaeth y noson a fe fethon ni droi lan. Felly dyma gynnig y trydydd tro, a fe lwyddon ni i gychwyn o Gaerdydd ond fe dorrodd y fan i lawr ar y ffordd. Byth ers hynny ry'n ni wedi ceisio osgoi teithio drwy Lanon.

Roedd yna gyfeillgarwch naturiol rhyngddon ni, y Tebot Piws, a'r Dyniadon Ynfyd Hirfelyn Tesog. Fe ges i wahoddiad i briodas un o'r aelodau, Cenfyn Evans, lawr

yn Abergwaun. Ar gyfer yr achlysur fe wisgais i bâr o
sgidiau wedi'u peintio'n las, rheiny wnes i eu gwisgo ar
gyfer taith brotest Cymdeithas yr Iaith. Roedden ni
wrthi yn yfed Ginis pan awgrymodd rhywun y dylen ni
yfed y Ginis go iawn. Felly fe wnaethon ni fenthyca
ugain punt oddi wrth Cenfyn i fynd ar y fferi draw i
Rosslare i yfed a fe dreulion ni'r nos yn cysgu ym môn
clawdd. Pan gyrhaeddais i 'nôl yn Abergwaun roedd fy
nhraed i'n las.

Fe ddaeth Eisteddfod Rhydaman 1970 yn enwog am
Babell Gruff Miles, pencerdd y Dyniadon. Roedd Gruff
wedi prynu hen babell y fyddin oedd yn medru dal tua
deg-ar-hugain o bobol. Roedd hi'n fwy na'r Babell Lên.
Ac yno, gyda thân y tu mewn, y gwnaethon ni gysgu a
chynnal nosweithiau llawen.

Ac o sôn am y Genedlaethol, fy mreuddwyd i pan own
i'n fyfyriwr oedd twyllo fy ffordd i mewn i'r Eisteddfod
am ddim. Fe geisiais i bob ffordd fynd i mewn heb dalu –
trwy ddyfeisio pob tric posib – ond wnes i ddim llwyddo
tan Eisteddfod Tyddewi 2002. Fe es i lan at ryw fenyw
wrth y fynedfa a chyflwyno darn o bapur iddi. Ar y papur
rown i wedi sgrifennu'r geiriau,

> Mae'r person sy'n cyflwyno'r darn papur hwn wedi bod yn
> weithgar iawn dros ei wlad a'i iaith ac mae e' wedi bod yn
> neis iawn i'w fam. Os gwelwch chi'n dda, gadewch e' i
> mewn am ddim.
>
> Arwyddwyd,
> Robyn Léwis,
> Bos yr Eisteddfod.

Fe chwarddodd y fenyw a fe gytunodd y dylwn i, am fy
haerllugrwydd, gael mynd i mewn am ddim.

O ran yr Eisteddfod, fe fyddwn i wrth fy modd yn

ennill y Gadair neu'r Goron. Ond dydw i ddim yn fardd. Rhigymwr ydw i. Dyna pam rwy wedi ymddangos ar *Dros Ben Llestri* a *Pwlffacan*. Allwn i ddim cyfansoddi cerddi difrifol, ar wahân i ambell gân. Ond mae gen i edmygedd mawr o Brifeirdd.

Pan enillodd Mererid Hopwood y Gadair ychydig flynyddoedd yn ôl fe deimlais i reidrwydd i'w llongyfarch hi, a hynny mewn rhigwm. Mae'n rhaid iddi dderbyn dwsinau neu hyd yn oed gannoedd o lythyron, galwadau ffôn a cherddi teyrnged di-rif ar ffurf englynion ac yn y blaen. Ond fe wnes i ei llongyfarch hi yn yr unig ffordd fedrwn i longyfarch y ferch gyntaf i ennill y fath anrhydedd. Rwy wedi clywed wedyn i Mererid fframio'r rhigwm a'i hongian e' ar y wal adre. Fel hyn roedd e'n mynd,

Mae ffindio rhywbeth i odli
Gyda 'Hopwood' yn anodd iawn,
Fues i wrthi yn galed drwy'r bore
A'r rhan fwya o'r prynhawn…
Ac yna fe dreies 'Mererid',
A rodd hwnna gynddrwg â'r llall –
Pam na chest ti dy eni
'Da rhyw siort o enw call?
Ond rodd RHAID i fi sgwennu rhywbeth
Er bod gen ti enw mor sili,
Felly, LLONGYFARCHIADE AR ENNILL Y GADER,
Ti yw'r cynta i'w wneud e' heb wili.

Mewn ambell Eisteddfod, yn noson fawr 'Y Lolfa', fe fyddwn i'n gwisgo fel Robat Gruffudd. Fe wnes i lunio barf mas o doriadau o hen garped brown a gwisgo sbectol. Bob cyfle gawn i, fe fyddwn i'n sefyll wrth ymyl Robat gan chwerthin yr un fath ag e', yn araf ac yn uchel, 'Wel, jawch, ha-ha-ha.'

Un tro fe daflodd e' lond plât llwch o stwmps drosta i.

Wedi i'r Tebot Piws ddod i ben yn swyddogol yn Eisteddfod Hwlffordd yn 1972, fe ddaethon ni'n ôl at ein gilydd ar dri achlysur. Y tro cynta oedd mewn noson deyrnged i Eirwyn Pontshân, wedi'i threfnu gan Emyr Llew a'r Cnapan ym Mlaendyffryn. Rown i'n falch o gael gwneud rhywbeth drosto fe gan ei fod e'n gymaint o gymeriad. Eto'i gyd chafodd e' ddim o'i dderbyn a fe fethodd y cyfryngau â'i ddeall e'. Own nhw ddim yn sylweddoli mai ymhlith y bobol gyffredin oedd e' ar ei orau.

Dwi'n cofio un stori dda am Pontshân. Yn Eisteddfod Rhuthun yn 1973 roedd Onus lan gyda fi. Fe fuodd e'n lwcus, fe gafodd e' stafell wely ei hunan yn y Wine Vaults, fe fu'n rhaid i fi siario gyda Lyn Ebenezer a hwnnw'n chwyrnu cymaint fel i fi dreulio bron bob nos yn cysgu ar y landing. Un bore, fe ddaeth Onus ata'i i ddweud iddo fe gael profiad rhyfedd yng nghwmni Pontshân. Yn ystod sgwrs, er gwaetha ymdrechion Onus i gynnwys pethe fel 'iawn' a 'dim problem' yn ei eirfa, fe sylweddolodd Eirwyn nad oedd e'n medru Cymraeg. Sylw Pontshân, er mawr hwyl i Onus, oedd,

'I didn't realise that you spoke the language of the enemy.'

Y tro nesa i aelodau'r Tebot ddod 'nôl at ein gilydd oedd yn noson deyrnged Ems yn Eisteddfod Môn. Fe recordiodd Sbardun, Stan a finne gân ymlaen llaw, wedi ei hysgrifennu am Ems. Ar y llwyfan gyda ni roedd llun llawn maint ohono fe fel *cardboard cutout*. Unwaith eto

doedd Ems ddim gyda ni yn y cnawd. Ond roedd e',
chware teg, yn y gynulleidfa. Roedd Sbardun a fi wedi
cyfansoddi'r gân deyrnged yma iddo fe ar gyfer yr
achlysur, – cân â'r teitl 'Sbectol ar Dân':

Mae'r haf wedi mynd
Ac mae'r ceir yn troi 'nôl
Dros y bont i'w bywyda bach ffôl.
Wedi mynd mae eu sŵn
Eu clebran a'u cŵn,
A does dim ond distawrwydd ar ôl.

Ac yn edrych ar fachlud
Yr haul dros y môr,
Llanc ifanc â'i sbectol ar dân,
Y tywod a'r tonnau
Yn plethu eu nodau
Ac o'r gorwel daeth geiriau ei gân.

Roedd 'na dri ar y llwyfan
Lle'r oedd pedwar i fod,
A'r trefnwyr yn holi ble uffarn oedd o?
Yn glyd yn ei wely
Neu'n breuddwydio mewn bar,
Ond roedd ei ysbryd o yno bob tro.

Ganwyd ei gân
Dan y golau gwyn,
Achubwyd ei alaw o'r lli,
Disgynnodd ei nodau
Fel gwlith ar y blodau
Ac mae angen ei gân arnon ni.

Mae'r munudau a'r oriau
Yn llithro a throi

110

Yn flynyddoedd sy'n gadael eu hôl,
Ac yn fêl mae'r atgofion
Am y seshis a'r straeon
A'r ffrindia mor ddedwydd a ffôl.

Mae nhw'n gwau ar yr awel,
Hen luniau o oes
Pan oedd pawb yn ymuno'n y gân,
Ond mae gwewyr y geirie
Yn dal ar y creigie,
Llanc ifanc â'i sbectol ar dân.

Y trydydd tro i ni ddod 'nôl at ein gilydd oedd ar gyfer Gŵyl Y Faenol ar wahoddiad Bryn Terfel. Wythnos cyn yr ŵyl fe ddanfonais i lythyr at Bryn yn rhestru ein holl ofynion – cwrw, merched, arian mawr – gan ychwanegu, os oedd ganddo fe amser, y gwnawn i ei ddysgu fe i ganu mewn tiwn. Yn anffodus doedd ganddo fe ddim amser.

Ar ôl dod bant o'r llwyfan yn Y Faenol rown i'n cerdded mas yn gwisgo het goch pan ddes i ar draws tri o fechgyn ifanc yn y tywyllwch. A dyma nhw'n fy nghyfarch i,

'Hei! Ti yw'r boi oedd ar y llwyfan jyst rŵan.'

'Ie,' medde fi, braidd yn ofnus.

'Be' oedd enw dy fand di?'

'Edward H.'

'Wel ia, band grêt. Be' ydi dy enw di?'

'Dewi Pws.'

'Wel ia, wrth gwrs. Ti'n foi ffantastig. Ti'n arwr mawr i ni. Gawn ni dy het goch di?'

'Wel na, fyse'n well gen i ei chadw hi.'

Fe edrychodd y tri yn hurt arna i am ychydig, cyn i un ohonyn nhw ddweud,

'Os felly, dos adra i stwffio dy nain, y bastad.'

Pan ddaeth Y Tebot i ben fe ddaeth pennod i ben hefyd. Roedd angen symud ymlaen. Yn lletya yn Aber ar y pryd roedd Hefin Elis, oedd eisoes wedi gwneud ei farc yn gerddorol yn y coleg gyda grwpiau fel Y Nhw a'r Chwyldro ac roedd e' a thri o'i fêts wedi cychwyn grŵp Y Datguddiad yno. Fe fyddwn i'n mynd lan i Aber yn aml ac yn cwrdd â Hefin yng nghartre'i chwaer yng Nghilmeri, Queens Road, ond yn amlach na hynny ym mar gwaelod y Marine ar y prom, lle'r oedd y myfyrwyr Cymraeg i gyd yn mynd. Rown i'n ei nabod e' o ddyddiau'r Tebot Piws. Breuddwydio fydde Hefin a finne am sefydlu band roc trydan Cymraeg. Breuddwydio yn unig, gan y bydde'r fath fenter yn costio llawer. Roedd Hefin a finne yn gytûn, os oedd y fath fenter yn mynd i lwyddo, yna rhaid fydde gwario ar offerynnau a system PA oedd cystal â rhai'r grwpiau mawr Saesneg. Cyn inni hyd yn oed roi cychwyn ar y fenter, fe fydde angen o leiaf ddwy fil o bunnau arnon ni. Roedd pethe'n edrych yn amhosib.

Ond fe ddaeth Huw Ceredig a'i wraig Margaret i'r adwy gan roi benthyg arian i ni brynu offer. Mae'r gweddill yn hanes wrth i John Griffiths, Charli Britton a wedyn, Cleif Harpwood, ymuno â Hefin a finne.

Hefin gafodd hyd i John. Roedd y ddau wedi bod yn chware gitârs yn nyddiau ysgol, John yn Ysgol Glanafan a Hefin yn Sandfields. Roedd Charli yn gyn-ddisgybl yn Rhydfelen ac wedi dechre ar gwrs celfyddyd yn Ealing. Cleif, hefyd yn gyn-ddisgybl yn Rhydfelen, oedd yr olaf i ymuno â ni. Roedd e'n gyn-gystadleuydd eisteddfodol ac yn aelod o'r band Ac Eraill. Rown i'n rhyw ganu a chware'r gitâr, heb fod yn rhyw dda iawn ar y naill na'r llall, felly roedd angen rhywun arall a dyna sut ddaeth Cleif aton ni.

Fe ddechreuon ni ymarfer yng nghlwb Barbarellas yng Nghaerdydd, diolch i Huw Ceredig unwaith eto, gan ei fod e' a Hywel Gwynfryn yn cynnal discos Cymraeg yno. Fe fydden ni'n ymarfer hefyd yng nghlwb y Casino ac yng Nghanolfan yr Urdd yn Heol Conwy. Dim ond tua chwech ymarferiad gawson ni cyn ymddangos am y tro cynta yng Nghorwen, adeg Steddfod Dyffryn Clwyd yn 1973.

Roedd hwn yn gyfnod cyffrous. Roedd pop a roc Cymraeg yn dechre ennill ei blwyf, diolch i'r discos Cymraeg. Ond roedd angen grwpiau yn ogystal – bandiau roc a fydde'n mynd, ddim yn unig i'r trefi mawr a'r colegau, ond i'r neuaddau pentre hefyd. A dyna beth wnaethon ni.

Fe ddaeth yr enw Edward H Dafis, gyda llaw, o gylch-grawn *Y Faner*. Dyna oedd ffugenw rhyw golofnydd oedd yn dweud pethe eitha cas ar brydiau. Fe fyddwn i weithiau yn ymosod yn ôl ar y colofnydd. Roedd e'n ymosod yn bersonol iawn ar Hefin a fe fydde hynny yn fy ngwylltio i. Dim ond ar ôl i'r grŵp Edward H Dafis ddod i ben wnaeth Hefin gyfaddef mai fe'i hun oedd critig mawr *Y Faner*. Rown i'n hanner byw gydag e' a fe gadwodd e'r gyfrinach nes i'r band ddod i ben. Rown i'n teimlo yn dipyn o ffŵl. Meddyliwch, fi yn amddiffyn Hefin wedi iddo fe ddweud pethe cas amdano'i hunan!

Doedden ni ddim yn gwneud arian o gwbwl drwy'r fenter. Roedden ni ar ein colled, felly fe wnaethon ni godi'r pris mynediad ac o'r diwedd fe ddechreuon ni

wneud ychydig o arian ond doedden ddim yn ei weld e'.
Dwi ddim yn credu i ni ddechrau gwneud elw gwirion-
eddol tan y diwedd oll.

Fe aeth pethe'n ddigon didrafferth yng Nghorwen.
Wrth edrych 'nôl, dwi ddim yn meddwl i ni fod yn
ffantastig. Ond fe wnaethon ni'n ddigon da. Ein beirniad
mwyaf ni oedd Mam. Roedd hi'n eistedd yn y ffrynt gyda
headphones am ei chlustiau.

'Peidiwch â chanu,' medde Mam. 'Chi'n gwneud eich
hunain yn tjêp â'r hen sŵn hurt 'na.'

Yn fuan iawn fe aeth hi i ysbryd y peth a fe fuodd hi'n
dawnsio gydag Emyr Jenkins o flaen y llwyfan.

Rwy'n sylweddoli nawr nad oedden ni'n grŵp
'gwahanol' bryd hynny. Na, doedden ni ddim yn
wahanol i unrhyw grŵp arall, ond fod gyda ni drydan. Yr
unig gân oedd yn wahanol ac yn newydd oedd 'Cân y
Stiwdents', ond roedd hyd yn oed honno â gwreiddiau
Americanaidd. Caneuon gwerin trydan oedden ni'n
berfformio mewn gwirionedd, caneuon fel 'Llangyfelach'
a 'Tyrd i Edrych'. Os dwi'n cofio'n iawn, 'Llangyfelach'
oedd y peth cynta i ni ei chware yn Barbarellas. Fe ges i'r
syniad yma o chware'r bîb, a gofyn i John,

'Beth ti'n feddwl o hon?'

Fe ddwedodd e' wrtha i am ei stwffo hi lan fy nhîn. A
hynny ar draws. Doedd John ddim yn leicio'r *Celtic
Scene*, yn wahanol i fi a oedd wedi darganfod Stivell.
Yna, wrth gwrs, fe wnes i ddarganfod Status Quo a
wedyn fe aethon ni at roc go iawn.

Fe ddes i'n ffan mawr o Quo. Rown i'n hoffi eu steil
nhw. Fe ddarllenais i erthygl gan Francis Rossi oedd yn
mynnu mai perfformwyr yn hytrach na cherddorion

oedden nhw. Rown i'n teimlo'n union yr un fath ag e'. Mwynhau chware'r gitâr own i – chware er mwyn yr hwyl yn hytrach na cheisio pregethu neu gyfleu neges.

Roedd y teithio yn gymaint hwyl â'r perfformio. Hefin Elis gafodd y syniad o brynu hen fan fara i ni deithio ynddi, hen fan Home Pride neu Hovis, chofia'i ddim p'un. Roedd hyd yn oed tap dŵr a basin ymolchi ynddi. Pan aethon ni i'n gig gynta ar ôl prynu'r fan a gosod yr offer a dechrau chware roedd blawd yn hedfan mas o'r uchel-seinyddion gan wneud i ni edrych fel dynion eira. Roedd y blawd o'r fan wedi treiddio i'r holl offer ac yn dod mas yn gawodydd wrth i'r sŵn wneud i'r offer grynu.

Roedd y teithiau yn aml yn anturiaethau. Un tro fe welson ni ryw fenyw mewn trwbwl wrth ochr y ffordd. Fe stopion ni a dyma Charli yn gofyn iddi beth oedd yn bod.

'Olwyn fflat,' medde hi.

'Peidiwch â becso,' medde Charli, 'ddim ond ar y gwaelod mae hi'n fflat.'

A bant â ni.

Bryd arall John oedd yn gyrru, a rhywun y tu blaen i ni yn teithio'n araf iawn a'r gweddill ohonon ni'n rhegi. 'Chware teg, falle mai dysgwr yw e',' medde John.

'Dwi ddim yn credu,' medde fi, 'does dim llythyren "L" ar y cefn.'

Fe basiodd John y car ac, wrth edrych yn y drych, fe welodd e' fod plât 'L' ar y tu blaen.

'Rhyfedd nad oes ganddo fe un ar y cefn,' medde John.

A Charli'n ateb, 'Falle mai dim ond wedi dysgu dreifo 'sha mlaen mae e'.'

Bryd arall, fi oedd yn gyrru a Charli yn eistedd gyda fi tu blaen. Fe ddes i at gyffordd a gofyn i Charli,

'Oes car yn dod?'

'Nag oes,' medde Charli.

Fe ddechreues i droi ar y gyffordd a dyma'r *juggernaut* anferth yma yn rhuthro heibio, y corn yn udo, gan basio ychydig fodfeddi oddi wrth drwyn y fan. Fe stopies i a throi at Charli.

'Wnest ti ddim gofyn oedd 'na lori'n dod,' medde Charli.

Fe gafodd rhywun y syniad unwaith i ni ddefnyddio mwy o effeithiau, a chael *dry ice* ar y llwyfan – stwff sy'n creu effaith mwg. Fi oedd yn gorfod nôl y rhew sych yma o Drefforest. Roedd e'n dod mewn biniau mawr ac ar ein ffordd i wahanol gigs fe fydde'n rhaid i ni yrru â'r ffenestri'n agored oherwydd y nwyon oedd yn codi o'r biniau. Yn y gaeaf roedd hi fel bod mewn ffridj ar olwynion.

Roedd y peiriant oedd yn creu'r rhew sych ar ffurf tegell anferth a'r tro cynta i ni ei ddefnyddio, fe gododd cwmwl enfawr gwyn gan ein cuddio ni i gyd yn llwyr oddi wrth y gynulleidfa. Sôn am Nwy yn y Nen! O ganol y cwmwl fe fedren ni glywed Charli'n gweiddi am i rywun droi'r peiriant bant am ei fod e'n mogi.

Er fy mod i wedi ysgrifennu llawer o ganeuon a cherddi dwi ddim yn ystyried fy hun yn fardd, fel ddwedes i eisoes. Fe gyhoeddais i *Llyfr i Blant dan Gant*, er enghraifft, ac ysgrifennu llawer o stwff radio, ond fe ges i bleser mawr pan gafodd un o 'ngherddi i ei chyhoeddi mewn cyfrol o farddoniaeth. Enw'r gyfrol oedd *Cerddi '73*, wedi'i golygu gan R. Geraint Gruffydd, ac fe wnes i deimlo'n falch fod fy ngherdd i yn cael ei chynnwys ymhlith gwaith beirdd fel Caradog Prichard, Dafydd Rowlands, Gwyn Thomas, Gerallt Lloyd Owen a Rhydwen Williams. Enw'r gerdd oedd 'Ti' ac yn ddiweddarach fe gafodd hi ei throi yn gân ar gyfer Edward H Dafis, a dod yn rhan o *repertoire* y band.

Rwyt ti yng nghân yr wylan
Yn bodio ar y gwynt;
Rwyt ti mewn llun o Harrods
Sy'n costi tri chan punt.

Rwyt ti fel gwennol ddisglair
Yn gorffwys ar ei thaith,
A ti yw'r Morris Minor
Sy'n dod â Dad o'r gwaith.

A ti yw'r enwau sy'n yr ardd
A'r odl yn y gân,
Ti yw cwmni cynta'r nos
A briwsion pice mân.

Ti yw'r weddi cyn y wawr
A'r enfys rhwng y llaid,
A ti yw'r sane wrth y tân
I wishgo am fy nhraed.

Ti yw dail yr Hydref
A'r dagrau yn y don,
A ti yw'r poli parot
Sy'n byw 'da Wncwl John.

Ti yw arogl heulwen
A'r pyllau yn y de,
A ti yw'r Pacistani mwyn
Sy'n gyrru'r bws i'r dre.

A ti yw'r cwmwl arian
Sy'n gorwedd dros y cwm,
A sŵn y goleuadau
Yn nisco Mici Plwm;

Rwyt ti'n uffar o ferch neis, ond wyt ti?

Wrth recordio, y bois eraill fydde'n mynd ati i roi'r
tracs lawr yn y stiwdio. Tra bydde hynny'n digwydd fe
fydde Cleif a fi yn cael ein hesgusodi am nad oedden ni'n
ddigon o gerddorion. Fe fydden ni, felly, yn troi am y
dafarn agosaf lle bydden ni'n cyfansoddi caneuon
newydd. Wedyn fe fydden ni'n dod â nhw 'nôl i Hefin a
fe fydde hwnnw, fel rhyw athro ysgol, yn bwrw llinyn
mesur dros y gân diweddaraf. Weithiau dim ond nonsens
llwyr fydde gyda ni, rhywbeth fel,

Mae Dewi'n byw yn Garnant,
Mae Dewi'n byw yn Plwmp,
Os nag yw e'n mynd i ddrifo'i gar
Mae e'n mynd i gael oel yn ei swmp.

'Ie, da iawn, ond be' mae'r geiriau'n olygu?'
Finne, a thua wyth peint o dan fy melt yn dweud,
'Sdim ots be' maen nhw'n olygu, maen nhw'n dda,
ond ydyn nhw?'
Hefin wedyn yn gwenu'n anobeithiol, yn ysgwyd ei
ben braidd yn ddryslyd ond yn ildio.
'Ydyn, mae nhw'n dda ond ydyn nhw.'
Felly, nonsens llwyr oedd llawer o'n caneuon ni.
Fe fyddwn i wrth fy modd yn chware triciau ar Cleif.
Adeg *Torri Gwynt* fe fydde fe'n cyfarwyddo, ac un tro
dyma fi, Huw Chiswell a Raz, neu Rhianydd Newbury –

fe fydden ni'n ei galw hi yn Lady Harlech hefyd – yn trefnu i chware jôc arno fe. Roedden ni'n gwybod y gwnâi e' ofyn i Raz gymryd nodiadau yn y cyfarfod cynhyrchu. Ond pan wnaeth e', dyma Raz yn ateb,

'Na, wi'n rhy fishi yn gwneud rhywbeth arall. Bygyr off.'

A Clive yn ateb, 'O, iawn, OK.'

A fe oedd *fod* yn cyfarwyddo!

Bryd arall dyma ni'n dweud wrtho fe fod Sam Harrington eisie iddo fe ffonio, a dyma roi'r rhif iddo fe. Aeth Cleif ati i ddeialu'r rhif a dyma fe'n gofyn am Sam Harrington. Yn amlwg, roedd pwy bynnag oedd ar yr ochr draw i'r lein yn mynnu nad oedd y fath ddyn yn bodoli, ond fe fynnai Cleif gael siarad â Sam Harrington. Yna dyma fe'n tawelu wrth iddo sylweddoli i ni chware jôc. Y rhif oedd e' wedi'i ffonio oedd nid un Sam Harrington ond y Samaritans. Roedd Cleif yn heipocondriac, yn cwyno byth a hefyd am ei iechyd, a dyna pam wnaethon ni chware'r tric.

Fe brynodd e' dŷ lan ym Mhontypridd, tŷ o'r enw Hill Side. A fe beinties i'r 'H' bant.

Ar y llwyfan gydag Edward H fe fydde trefn y rhaglen wedi'i ysgrifennu gan Charlie Britton ar gefn mat cwrw neu hen amlen. Mewn un perfformiad, ar ôl dwy neu dair cân, fe waeddon ni ar Charli,

'Be' sy' nesa?'

Charlie'n gweiddi 'Pishyn!'

A Cleif yn ateb, 'Wi newydd ganu honna.'

Falle i fod e', ond doedd gweddill y band ddim wedi'i chware hi.

Fe chwaraeon ni mewn nifer o sioeau fel *Gwallt yn y*

Gwynt a *Sachliain a Lludw* gydag artistiaid fel Meic Stevens. Pan gwrddes i am y tro cynta â Meic rown i'n meddwl mai tipyn o hen hipi diniwed oedd e' nes i fi ei weld e' un noson yn torri fflagon seidir dros ben rhyw foi oedd yn ei fygwth. Diawch, fe dyfodd e'n dipyn o fachan caled.

Ein cefnogwyr selocaf ni, wrth gwrs, oedd Bois Ffostrasol yn eu crysau gwyn a'u hancesi coch a gwyn. Fe brynon nhw hen ambiwlans er mwyn ein dilyn ni o gig i gig. Y gwir oedd eu bod nhw'n fwy gwyllt na ni! Fe fydden ni'n eu hystyried nhw fel aelodau o'r band.

Dai Ffostrasol oedd yr arch gefnogwr. Pan fydde Dai ar ddihun, a fydde hynny ddim yn aml, fe fydde rhai o'n ffans ni yn gofyn am ei lofnod a bydde Dai yn arwyddo'i enw fel Dai Copis Leder. Un Nadolig, fe ddanfonodd e' gerdyn i Mam wedi'i arwyddo felly.

Pan ddaeth Edward H i ben ar ôl tair blynedd, a hynny yng Nghorwen, lle wnaethon ni ddechre'r cyfan, nid hynny oedd diwedd y daith i fi yn gerddorol. Fe fues i wedyn yn aelod o Mochyn Hapus. Syniad Dyfed Thomas oedd hwnnw, rhyw fath o esgus iddo fe gael ei lordio hi o flaen merched ifanc deniadol a hurt. Down i ddim yn rhyw awyddus iawn i ymuno â'r band ond roedd hi'n ffordd o gael esgus i chware gyda Tich Gwilym. Yr unig amod dros i fi ymuno â'r band oedd y ddealltwriaeth y bydde Tich yn aelod hefyd. Gyda Tich, Dyfed a finne yn y band roedd Dai Tanc, Jack Dawe a Dafydd Pierce. A Rhys Ifans weithie.

Mae'r enw Mochyn Hapus yn ddiddorol. 'Nôl ar ddechre'r saithdegau, a finne'n byw yn Aber, rown i wedi trefnu un noson i fynd mas gyda Lyn Ebenezer ac yna aros gydag e' yn Grays Inn Road. Ar y pryd rown i'n rhyw chware amboitu gyda merch arbennig. Rown i wedi cael llond bol arni mewn gwirionedd a wedi rhybuddio Lyn, petai e'n fy ngweld i yn mynd bant gyda honno, iddo fe roi stop arna i. Ond, er gwaetha ymdrechion Lyn, bant gyda hi wnes i fynd. Y bore wedyn fe ganais i gloch cartre Lyn am saith o'r gloch y bore. Fe gododd e' i agor y drws i fi a dweud,

'Pws, ti'n blydi mochyn!'

Finne'n ateb, 'Odw, ond wi'n fochyn hapus.'

Mewn un perfformiad o Mochyn Hapus fe gafodd Dyfed syniad am gimic. Roedd e' wedi trefnu i ddod ar y llwyfan yn gwisgo pen mochyn plastig gyda'r golau sbot ar ei wyneb. Ond doedd y sbot ddim yn gweithio felly fe benderfynodd e' ddod ar y llwyfan yn dal tortsh a honno'n goleuo ar ei wyneb. Yn anffodus fe faglodd e' dros y cêbls a disgyn ar ei dîn gan dynnu Tich lawr gydag e'.

Byrhoedlog fu'r band. Fe wnaethon ni un record ac ar honno mae un gân wnes i gyfansoddi i Rhiannon, cyn i ni briodi. Felly, fe ddaeth o leiaf un peth cadarnhaol mas o Mochyn Hapus.

Cyn belled ag y mae Edward H yn y cwestiwn, fe leiciwn i, wrth edrych yn ôl, wneud popeth eto ond yn well. Fe allai'r cynhyrchu fod yn well, er enghraifft. Fe hoffwn i gymryd yr LPs i gyd a dewis y goreuon o'u plith nhw a gwneud un LP dda. Fy hoff LP i oedd 'Sneb yn Becso Dam'. Fe wnaethon ni'r cyfan mewn wythnos a mi weithiodd.

Ond wrth edrych 'nôl, fel Edith Piaf, dwi ddim yn difaru dim, yn wir, dwi ddim yn becso dam.

'Nôl yn niwedd yr wythdegau roeddwn i'n gweithio yn siop lyfrau Taflen yng Nghaerdydd. Yn aml byddwn yn derbyn llythyron oddi wrth wahanol ddarllenwyr yn gofyn am lyfrau ar amryw o bynciau. Fis Mai 1988 derbyniais lythyr oddi wrth ŵr gweddw a alwai ei hun yn Evan Davies. Cefais fy nghyffwrdd yn fawr gan hanner cyntaf y llythyr. Yna, o ddod tuag at ei ddiwedd, daeth yn amlwg pwy oedd yr awdur. Dyma fras gyfieithiad ohono:

8 Heol Isaf,
Yr Eglwys Newydd,
Caerdydd.
4/5/88

Annwyl gyfaill,

Rwyf yn hen bensiynwr yn byw ar fy mhen fy hun, a'm hunig ddiddordeb mewn bywyd bellach yw hanes fy mhobl – y genedl Gymreig. Er nad wyf yn siarad Cymraeg fy hunan, roedd fy ngwraig, a fu farw yn ddiweddar, yn hyddysg iawn yn yr iaith ac ni fyddai dim yn rhoi mwy o bleser i mi na gwrando ar ei llais melys yn canu'r hen emynau tra hithau yn brysur wrth ei gwaith yn y gegin.

Er hynny, nid tristwch ynghanol fy atgofion yw'r rheswm dros i mi ysgrifennu atoch ond yn hytrach yr angen i mi ddileu'r cof amdani a thrwytho fy hun yn hanes a threftadaeth ein diwylliant Celtaidd. Byddwn yn ddiolchgar, felly, petai chi yn danfon i mi restr o unrhyw lyfrau sy'n cynnwys gwybodaeth am Derfysg Rebecca, yn arbennig yn ardal Caerfyrddin. Hefyd unrhyw lenyddiaeth sy'n berthnasol i Wrthryfel y Siartwyr cyn 1846.

Hefyd, os yw'n bosib, a fedrech chi ddanfon ataf unrhyw luniau o ferched ysgol noeth, bronnog chweched dosbarth yn cael eu chwipio gan filwyr heini, cyhyrog Ariaidd gydag organau rhywiol enfawr, dychlamol.

Yr eiddoch yn gywir,
Evan Davies.
O.N. Peidiwch â gofidio gormod am y llyfrau ar Rebecca a'r Siartwyr.

Roedd o wedi mynd i'r fath drafferth fel bod y rhan drist o'r llythyr yn cyrraedd gwaelod un ochr i'r tudalen tra oedd y rhan ddoniol yn cychwyn ar ôl troi'r dudalen...

EMYR HUWS JONES

[Fe hoffwn i bwysleisio i'r llythyr uchod gael ei sensro yn llym ac yn annheg – Dewi Pws.]

Yn nyddiau'r Tebot Piws, elfennol iawn fyddai'r offer ar y gwahanol lwyfannau. Golygai hynny y byddai Dewi a minnau yn siario meic. Ymhob perfformiad byddai Dewi yn swingio'i gitâr i rythm y gân a gâi ei chanu, ac wrth wneud hynny byddai'n anelu top yr offeryn at fy mhen. Roeddwn i wedi dod i ddisgwyl hyn ac yn medru camu 'nôl bob tro fel na fyddai perygl iddo fy hitio. Ond un noson fe dorrodd Dewi ar rediad y rhythm gan fy hitio yn fy mhen nes i mi fod bron iawn â disgyn.

Doedd dim diwedd ar ei gampau. Unwaith roedd y gweddill ohonom wedi trefnu i'w godi yn ei gartref yn Nhreboeth ar gyfer perfformiad ym Mhontardawe. Ond wrth i ni barcio y tu allan i'r tŷ daeth ei fam allan gyda golwg ofidus ar ei hwyneb. Roedd Dewi yn sâl, meddai hi, ac yn methu â dod gyda ni. Fe'n gwahoddodd ni i'r tŷ ac i fyny'r grisiau i weld Dewi yn ei wely. Roedd o'n gorwedd yn dawel o dan ddillad y gwely. Yna, yn sydyn, fe daflodd y blancedi 'nôl a dyna lle'r oedd o wedi ei wisgo mewn masg tramp. Fe gododd ofn marwol arnom. Roedd ei fam, wrth gwrs, yn rhan o'r twyll.

Am ddeng mlynedd ar hugain fe wadodd Dewi iddo fwyta darn o faw colomen. Yn Neuadd y Dref Llangefni y digwyddodd hyn. Roedd y Tebot wedi bod yn gosod yr offer llwyfan a dyna lle'r oeddan ni allan ar y balconi. O'n blaenau ni ar y wal isel roedd tunelli o gaca colomennod. Tra roedd Ems, Sbardun a minnau'n mwynhau'r olygfa dros y sgwâr dyma Dewi yn torri darn o'r caca, ei osod yn ei geg, ei gnoi a'i lyncu.

Er i ni ei weld o'n gwneud hynny fe wadodd o'r ffaith ar hyd y blynyddoedd. Dim ond adeg ein dychweliad yng Ngŵyl Y Faenol yn 2002 y daeth o'n agos at gyfaddef. Fe aeth mor bell â chydnabod iddo fwyta caca. Ond caca ci yn hytrach na chaca colomen.

STAN MORGAN JONES

Y tro cynta i mi gwrdd â Dewi oedd fel glasfyfyriwr yng Ngholeg Cyncoed. Roeddem ni, fyfyrwyr y flwyddyn gyntaf, yn cael ein diddanu gan fyfyrwyr yr ail a'r drydedd flwyddyn yn y Stafell Gyffredinol.

Fe dynnwyd fy sylw at rywun gyda mop o wallt ac yn gwisgo siwmper streips. Fe gydiodd mewn gitâr – un mor dila fel y medrwn i ddychmygu fod y gair 'Jaffa' wedi'i ysgrifennu y tu mewn iddi. Yn ei wynebu roedd myfyriwr arall yn dal harmonica ac, yn achlysurol, fe fyddai Dewi yn pwyso ymlaen

124

ac yn chwythu'r offeryn. Hynny yw, unig swyddogaeth y truan arall oedd dal organ geg i Dewi.

Y gân ganodd Dewi oedd 'Honey just allow me one more chance to get along with you', un o glasuron Bob Dylan. Y gwahaniaeth mawr rhwng Dewi a Bob oedd mai dim ond ffrâm fetel o gwmpas ei wddf oedd gan Bob i ddal ei organ geg. Roedd gan Dewi rywun dynol yn dal ei harmonica o.

Y cwestiwn cyntaf ofynnais i mi fy hun o'i weld am y tro cyntaf oedd, 'Pwy ddiawl ydi hwn?' Weithiau rwy'n dal i ofyn yr un cwestiwn.

Yr hunlle fwyaf o fod yng nghwmni Dewi fyddai teithio gydag o yn y car. Roedd Ems yn ddigon ffodus i fod ym Mangor, ac fe wnâi Stan yn siŵr ei fod o'n eistedd yng nghefn yr hen Hillman a enwyd gan Dewi yn Lleucu Llwyd. Pan ddeuai at ddarn o ffordd syth fe wnâi o esgus ffeintio a disgyn drosta i, gan adael y car i fynd o'i ran ei hun. Bryd arall fe edrychai draw drwy'r ffenest ochr, heb gadw golwg o gwbwl ar y ffordd o'i flaen. Wedyn, ar ôl i ni setlo a'r llygaid yn dechrau mynd yn drwm, fe fydda fo'n gollwn sgrech annaearol, yn canu'r corn a sefyll ar y brêc, gan ein dychryn ni.

Un haf aeth Dewi ati i chwilio am waith ar safle adeiladu yng nghyffiniau Abertawe. Fe ddywedwyd wrtho am fynd i weld rhyw Mr Cassidy, y fforman ond dywedodd hwnnw nad oedd gwaith ar gael ar y pryd.

'That's all right, Mr Cassidy,' meddai Dewi, 'I guess I'll just hop along.'

ALUN SBARDUN HUWS

Pan oedden ni'n y coleg yn Aber, fe aeth tri ohonon ni a oedd yn fyfyrwyr Cymraeg ati i geisio bywiogi'r 'Faner' drwy ysgrifennu colofnau o dan ffugenwau. Dafydd Huws oedd Charles Huws ac fe fyddai Emrys Jones yn ysgrifennu o dan ryw enw neu'i gilydd. Yr enw wnes i ei ddewis oedd Edward H Dafis.

Roedd y golofn yn rhoi cyfle i mi gael gwared â phob math o rwystredigaethau, ac er mwyn chwarae'r gêm yn iawn fe fyddwn i'n dweud pethau cas amdanaf fy hunan hefyd. Pan ddigwyddai hynny, un o'r rhai fyddai'n fy amddiffyn mewn llythyron i'r 'Faner' fyddai Pws. Roedd e'n cynddeiriogi os fyddai Edward H Dafis yn fy meirniadu i, a dim ond wedi i'r band roi'r ffidil yn y to y gwnaeth e' sylweddoli mai fi oedd yr Edward H gwreiddiol a roddodd ei enw i'r band. Roedd hi'n werth gweld ei wyneb pan wnaeth e' sylweddoli'r gwir.

Pws a minnau, mewn trafodaethau ym mar gwaelod y Marine ac yn yr Hydd Gwyn a'r Hen Lew Du, fu'n gyfrifol am sefydlu'r band yn y lle cyntaf. Roedd y ddau ohonon ni wedi cael llond bol ar chwarae mewn bandiau acwstig. Fe fyddai Dewi yn aros llawer gyda mi yng Nghilmeri, cartref fy chwaer yn Heol y Frenhines. Welais i neb erioed mor frwdfrydig yng ngwres y foment. Rhaid fyddai gwneud popeth ar unwaith ond roedd ei ddiffyg trefn yn chwedlonol.

Fe fedrai fod yn hunllef ar lwyfan, ac yn waeth byth pan fyddai angen recordio lleisiau cefndirol. Yn ystod y munudau a fyddai'n arwain at y darn dan sylw fe fyddai Dewi yn esgus cysgu, neu weithiau hyd yn oed yn glanhau ei ddannedd. Roedd hi'n amhosib dod i mewn ar y nodyn iawn.

Roedd yr un peth yn wir wrth i ni deithio. Os fyddai Pws a Charli yn y fan gyda'i gilydd doedd dim sicrwydd ble wnaen ni gyrraedd. Unwaith, ar y ffordd i ogledd Cymru, fe wnaethon ni gyrraedd Manceinion. Ac yn ddieithriad, wrth i ni groesi Pont ar Ddyfi ger Machynlleth fe fyddai Dewi neu

Charli (yn dibynnu p'un fyddai'n gyrru) yn sicr o droi am
Aberdyfi, yn hytrach na chymryd y ffordd i Borthmadog. Pam?
Yr ateb bob tro oedd,
    'Am ei fod e'n teimlo'n iawn i ni droi i'r chwith.'

HEFIN ELIS

Ble Fi'n Dechre O?

Un o'r pethe cynta wnes i ar deledu oedd *Miri Mawr*, rhaglen i blant gan HTV, a oedd yn mynd mas ar ddiwedd y prynhawn bod dydd o'r wythnos. Ynddi roedd criw o gymeriadau gwirion wedi eu hanelu at blant ond yn boblogaidd iawn gan oedolion hefyd. Y prif gymeriadau oedd Caleb, Blodyn Tatws, Llew, Dan Dŵr a'r Dyn Creu. Fi oedd y Dyn Creu, wedi'i wisgo mewn crys a chap nos, wedi'i orchuddio â phowdwr gwyn ac yn siarad â llais uchel, gwichlyd. Yn wir, fe dyfodd y rhaglen i fod yn rhyw fath o gwlt.

Caleb oedd y bos. Fe dyfodd i fod yn arwr a fe gynhyrchwyd tegan meddal wedi'i seilio arno. Dim rhyfedd ei fod e'n gymeriad mor boblogaidd gan mai Dafydd Hywel oedd yn ei actio. Rhyw gyfuniad o wahadden ac arth oedd Caleb, yn siarad yn nhafodiaith Dyffryn Aman gan ddefnyddio dywediadau fel 'byti boi' a 'cwlwm pump'. Fe fydde Caleb bob amser yn cerdded â'i ben lawr. Y rheswm am hyn oedd fod Dafydd Hywel yn rhy ddiog i ddysgu ei sgript. Felly fe fydde fe yn gadael ei sgriptiau yma ac acw ar hyd llawr y set ac yn darllen ei linellau oddi arnyn nhw, a fe fyddwn i'n gwylltio Dafydd drwy symud y sgriptiau byth a hefyd gan wneud iddo fe golli ei ffordd yn llwyr.

Adeg *Miri Mawr* rown i'n byw yn y Poplars ym Mangor. Fi fyddai'n sgrifennu sgript y Dyn Creu fy hunan ac yn cael pedair punt y tro am wneud hynny. Un diwrnod, tra own i'n eistedd ar y toilet yn y Poplars, fe es i ati i ysgrifennu sgript. Yn ystod y chwarter awr fues i yno fe wnes i gwblhau sgript gyfan a mas â fi, yn teimlo'n ddigon bodlon.

'Dyna fe,' medde fi, 'sgript gyfan wedi'i chwblhau mewn un eisteddiad.'

'Uffarn dân,' medde Alun Ffred, 'pedair punt am gachiad. Dyna'r arian hawsa alla' neb ei ennill.'

Yr adeg yma roedd Gwilym Owen yn gweithio yn HTV ac, un diwrnod, a ninnau'r actorion yn rhyw sefyllian o gwmpas yn ein gwisgoedd *Miri Mawr*, fe rybuddiodd ni fod Lady Plowden, pennaeth yr awdurdod darlledu yn galw. Roedd carped coch wedi'i osod y tu fas ar ei chyfer a Gwilym ar binnau wrth ofidio y gallai rhywbeth fynd o'i le. Roedd Lady Plowden, yn ogystal â bod yn fenyw o awdurdod, hefyd yn dipyn o deyrn, mae'n debyg, a phawb yn ei hofni. Wrth i ni sefyllian a smygu y tu fas fe ddaeth Gwilym draw aton ni a'n rhybuddio i ymddwyn yn iawn.

'Rwan ta, y rapscaliwns, dwi ddim am unrhyw nonsans oddi wrthach chi heddiw. Mae Lady Plowden yn mynd i gyrraedd unrhyw funud, a dwi ddim isio'ch gweld chi, o bawb, o gwmpas y lle yma. Dwi ddim isio dim lol, 'dach chi'n dallt? Dim ond pobol bwysig fydd o gwmpas y lle yma heddiw.'

Petai Gwilym heb ddweud dim byd, fydde'r hyn wnaeth ddilyn ddim wedi digwydd – ond o'n rhybuddio ni, fe wnaeth e' chware i'n dwylo ni. Dyma Lady Plowden yn cyrraedd mewn car enfawr gyda shôffyr yn ei yrru. Cafodd ei harwain ar hyd y carped coch at ddrws y Ganolfan lle'r oedd Gwilym yn disgwyl amdani ac yn bowio'n fonheddig a'i chyfarch...

'*Good morning, Lady Plowden, it's such a pleasure to be able to welcome you here on behalf of HTV.*'

Rown i wedi mynd i guddio rownd y gornel ac, wrth i Gwilym a'r fenyw bwysig ysgwyd llaw, fe ddois i mas a mynd lan atyn nhw. Fedren nhw ddim fy osgoi i.

'*Lady Plowden,*' medde fi, yn nillad a llais y Dyn Creu, '*it's so nice to see you. Jiw, jiw, you're very lucky that Gwilym isn't pissed again. He must have made a special effort for your visit.*'

Cydiodd Gwilym ym mraich Lady Plowden a'i llusgo oddi yno, ei wyneb yn fflamgoch.

'*This way, Lady Plowden, this way if you please.*'

Yn ddiweddarach fe gafodd ei harwain ar hyd yr orielau a thrwy'r gwahanol stiwdios, yn cynnwys y stiwdio lle'r oedden ni'n ymarfer *Miri Mawr*. Ac wrth iddi edrych arnon ni dyma Robin Griffith, fel Blodyn Tatws, yn dweud yn uchel dros y seinyddion,

'Ow, yr aur, sbiwch, dacw Lady Plowden, yr hen het wirion. Dew, tydi ei hanadl hi'n drewi!'

Doedd y fenyw ddim yn deall, wrth gwrs, ond dyma Gwilym, druan, yn mynd i banig arall ac yn llusgo'r fenyw i'r stiwdio nesaf.

Bryd arall, adeg chwalu Wal Berlin, roedd Gwilym wedi llwyddo i gael *footage* o'r digwyddiad. Roedd y bwletin newyddion ar fin mynd mas ond fe wrthododd golygydd y bwletin newid trefn y newyddion. Petai hi wedi bodloni, yna'r newyddion Cymraeg fyddai'r bwletin cynta ym Mhrydain i ddangos y digwyddiad. Yn naturiol, doedd Gwilym ddim yn hapus iddo golli cyfle gwirioneddol hanesyddol.

Pan gerddodd e' i mewn i'r clwb yn ddiweddarach rown i'n sefyll ger rhewgell hufen iâ *Wall's*. Fe wnes i weiddi ar Gwilym, tra own i'n cicio'r arwydd *Wall's*,

'Hei, Gwilym, stori dda!'

Chware teg, fe wnaeth e' werthfawrogi'r jôc. Fe fyddwn i, bob amser, yn ceisio tynnu'i goes e'. Roedd gen i bâr o ddannedd gosod ffug ar gyfer cymeriad Joblot yn *Torri Gwynt*. Pan fydde Gwilym yn y clwb gyda'i fêts fe fyddwn i'n disgwyl fy nghyfle i adael y dannedd yn ei gin, neu yn ei 'jinsan mawr', fel y bydde fe'n ddweud. Bob haf, tua mis cyn y Brifwyl, fe fyddwn i'n cario camera i bobman ac yn twyllo Gwilym fy mod i am dynnu ei lun ar gyfer *Lol* a fe fyddwn yn ei ddilyn ac yn pwyntio'r camera ato fe. Petai e' ond yn gwybod, doedd dim ffilm yn y camera y rhan fwyaf o'r amser, ond fe fyddwn i'n gweiddi,

'Gwilym, jyst un llun bach arall i *Lol*.'

Yr un ateb gawn i bob tro – yr unig ffordd y bydd e'n fy nghyfarch i, gyda llaw – pedwar gair, a'r pedwerydd yn un na fedra i ei ail-adrodd:

'Dos o ma'r ****!'

Rwy wrth fy modd yn tynnu coes Gwilym ac mae gen i ryw deimlad ei fod yntau wrth ei fodd yn cael tynnu ei goes. Mae e'n un o'n arwyr i, ochr yn ochr â Clint Eastwood. A dweud y gwir mae e'n debyg i Clint. Un tric *na* wnaeth weithio oedd hwnnw wnes i chware arno fe pan oedd e'n yr ysbyty ar ôl cael damwain car go ddrwg, a fy mwriad oedd gwneud iddo fe chwerthin. Fe wyddwn i fod ei freichiau a'i ddwylo mewn plastr ac na fedre fe agor llythyron heb help, felly fe wnes i ddanfon llond amlen o luniau amheus iddo o fenywod noeth, bronnog a chwpwl o 'gay mags' gan ddychmygu ei wyneb wrth i un o'r nyrsus agor yr amlen. Yn anffodus fe agorwyd yr amlen gan aelod o'i deulu. Sori, Gwilym.

Weithiau fe fydde criw *Miri Mawr* yn llwyddo i gael y gorau arna i. Mewn un rhaglen roedd y Dyn Creu i fod i grogi gerfydd ei draed uwchlaw'r set. Fe glymwyd rhaff wrth fy migyrnau a 'nghodi nes fy mod i'n hongian ben i waered, fel pendil cloc. Pan ddaeth toriad am ginio fe wnaethon nhw fy ngadael i'n hongian yno am awr gyfan.

Ddiwedd y saithdegau fe ddaeth cyfle, drwy John Hefin, i chware rhan flaenllaw yn y ffilm *Grand Slam*. Fe fydde hi'n jôc rhwng John a fi. Rown i'n chwilio am waith ac yn cario llawlyfr actio Stanislawski yn fy llaw bob amser a phob tro y gwelwn i John fe fyddwn i'n gwneud rhyw sioe fawr o droi'r clawr tuag ato. Rhyw gic bach i'r post i'r pared gael clywed. Cyn *Grand Slam* rown i eisoes wedi cael rhan weddol o faint yn *Hawkmoor* – ffilm uffernol o wael ar anturiaethau Twm Siôn Cati, wedi'i saethu yn ardal Tregaron. Roedd hi mor wael fel iddi gael sylw sarhaus yn *Private Eye*. Mewn un man roedd rhywun yn defnyddio gwn i saethu at un o'i elynion o ben mynydd ar dywydd sych. Yna dyma dorri i droed y mynydd lle'r oedd y corff yn gorwedd mewn glaw trwm, gyda saeth yn sticio mas o'i gefn.

Yn y ffilm, fi oedd gwas Phil Madoc. Roedd gofyn i fi wisgo het wirion, fy nannedd wedi'u duo a phâr o deits yn hongian rownd fy nhîn i. Rown i fod actio'r dyn caled ond rown i, yn hytrach, yn edrych fel twit mwya'r bydysawd.

Yn *Hawkmoor*, roedd Jane Asher yn chware un o'r prif rannau a fe fydde'i gŵr, y cartwnydd Gerald Scarfe, yn mynd gyda hi i bobman. Pan na fydden ni'n ffilmio fe fydde criw ohonon ni'n chware cardiau am arian, gêm o'r enw *Between the Sheets*. Un tro roedd tua wyth deg o bunnau yn y pot, arian yn cyfateb i tua phedwar can punt heddiw, a dim ond Gerald Scarfe a Huw Ceredig oedd ar ôl. Fe gollodd Huw, ond pan aeth Scarfe ati i gyfri'r arian fe gyhuddodd e' Huw o fod bunt yn fyr. Fedren ni ddim credu'r peth, miliwnydd yn cwyno am swm mor fach â phunt. Fe wnaethon ni i gyd godi oddi wrth y bwrdd a wnaeth neb chware gydag e' wedyn. A fe bisodd Huw dros ffenest flaen ei gar e'.

Beth bynnag, fe ddaeth y cyfle i actio yn *Grand Slam* ac mae'n amhosib meddwl am y ffilm heb ei chysylltu â Huw Griffith. Roedd gweithio gyda Huw yn brofiad. Os oedd e'n eich hoffi chi, roedd popeth yn iawn, ond fe gymrodd yn erbyn un aelod o'r criw ffilmio yn fawr. Yn ffodus iawn fe gymrodd ata i o'r dechrau, a fydde fe byth yn cyfeirio ata'i wrth fy enw ond yn hytrach fel y C★★★ Bach. Wn i ddim beth fydde fe wedi 'ngalw i petai e' ddim yn fy hoffi. Fe fyddwn i'n cyfeirio ato fe bob amser fel Mr Griffith.

Roedd Huw yn wir seren, yn cael ei yrru mewn Rolls Royce gwyn a'r llygaid duon yna'n pefrio o dan yr aeliau trwchus. Yn yr ymarferiadau chaech chi ddim llawer mas ohono fe. Mynd drwy'r llinellau'n ddigon didaro fydde fe, ond pan ddeuai i'r *takes* roedd ei ddawn actio fe yn dod i'r amlwg.

Ymgymerwr angladdau oedd Huw yn y ffilm a finne'n chware rhan ei fab. Y tro cynta i ni fod ar y set oedd lan rhywle yn y Rhondda, tua saith o'r gloch y bore. I mewn â fi gyda'r sgript yn fy mhoced tu ôl, y llinellau i gyd wedi'u dysgu. Dyna lle'r oedd Huw yn eistedd yn y gornel yn dal *attaché-case* mawr crand, a dyma fe'n gweiddi arna i gyda llais fel taran,

'Hoi! Ti! C*** Bach, tyd yma!'

Dyma fi'n mynd draw ato braidd yn grynedig ac yntau yn agor y cês. Ro'n i'n disgwyl iddo dynnu ei sgript mas a fe dynnais i fy sgript fy hunan o 'mhoced gan feddwl mai'r hyn oedd ganddo fe mewn golwg oedd mynd dros y leins gyda'n gilydd. Ond na.

'Be' hoffet ti gael? Wisgi? Brandi? Wyt ti am soda gydag o?'

Roedd ei gês e' fel cwpwrdd gwirodydd, yn llawn o ddiodydd o bob math. Dim yn unig diodydd ond set o wydrau hefyd a llestr cymysgu coctels. Feiddiwn i ddim gwrthod ei gynnig rhag ofn iddo fe wylltio, felly – am y tro cynta erioed – fe ges i frandi i frecwast. Dyma yfed un, a Huw yn troi a chodi ei aeliau trwchus wrth awgrymu y dylwn i gael un arall.

'Iawn, Mr Griffith, fe gymra'i un bach arall.'

Pan aethon ni mas i Baris fe aethon ni i gyd i glwb nos lle'r oedd merched yn diosg eu dillad ar y llwyfan, lle digon parchus er gwaetha'r pyrcs. Unwaith y cerddodd Huw i mewn fe aeth y si ar led fod rhywun pwysig yno a fe gyhoeddwyd ei enw a'r ffaith ei fod e'n actor rhyngwladol. Roedd Huw wrth ei fodd, a ninne'n teimlo'n hynod bwysig o gael bod yn ei gwmni, ynghanol ei edmygwyr. Ymhen llai nag awr roedd e' wedi dechre cweryla â rhyw Ffrancwr ynghylch menyw a fe'n taflwyd ni mas, bawb ohonon ni, yn cynnwys yr actor rhyngwladol enwog.

Un noson fe aeth e' â fi, John Hefin, Gwenlyn Parry, Siôn Probert a Windsor Davies i'r Bristol Hotel, lle crand yn garpedi o wal i wal, llenni trwchus, moethus yn hongian ar bob wal, a siandeliers grisial yn hongian o bob nenfwd. Fe fuon ni yno am tua dwyawr a Huw yn talu am bob rownd. Rown i'n yfed Pernod ac yn teimlo'n euog am nad ow'n i'n talu fy ffordd. Fe gynigiais wneud. Ond fe drodd Huw ata'i yn sarrug.

'Cau dy geg, y C★★★ Bach, y fi sy'n talu. Fe gei di dalu yn nes ymlaen.'

Ar ôl yfed am ddwyawr, a Huw yn gyfrifol am bob rownd, fe wnaethon ni godi i adael. Draw ag e' at y ddesg a sibrwd yng nghlust y clerc. Mas â ni i'r stryd a Huw, am ryw reswm, yn ein hannog ni i gerdded yn gyflymach.

'Be' sy'n bod, Mr Griffith? Be' ddwedsoch chi wrth y clerc?'

A Huw yn chwerthin wrth ateb.

'Room 208.'

Roedd e' wedi rhoi'r bil cyfan yn enw pwy bynnag oedd yn aros yn stafell 208. Doedd yr un ohonon ni yn aros yno ond roedd dyled anferth yn wynebu rhyw druan.

Yn y Terminus oedden ni'n aros, ac uwchben y fynedfa roedd oriel gerdd yn rhedeg o gwmpas y welydd. Roedd Cymru wedi colli yn erbyn Ffrainc a phawb yn ceisio codi eu calonnau. Yn y gornel roedd tua hanner-dwsin o chwaraewyr Cymru a'r cefnogwyr yn eu curo ar eu cefnau yn nawddoglyd er gwaetha'r ffaith i'r tîm golli. Yn sydyn dyma sŵn ergydio o'r oriel uwchben wrth i

Huw daro'i ffon deirgwaith yn erbyn pared yr oriel ac yna yn codi gwaedd a atseiniodd drwy'r gwesty.

'*Hey, you lot!*'

Fe syllodd pawb lan, a dyna lle'r oedd Huw yn sefyll, het fawr ar ei ben, cot â choler ffwr amdano a ffon drwchus yn ei law yn cael ei chwifio'n uchel. A dyma floeddio dau air arall,

'*You wankers!*'

Fe fu tawelwch llethol am ryw dair eiliad cyn i bawb dorri mas i chwerthin. Yna dyma fe'n troi ac yn cerdded yn dalog a dramatig yn ôl i'w stafell, ac yno y buodd e' am weddill y noson.

Yr hwyl mwyaf wrth ffilmio *Grand Slam* oedd fod cymaint yn digwydd yn fyr-fyfyr. Roedd Gwenlyn wedi llunio'r sgript sylfaenol ond roedd llawer yn cael ei ychwanegu ar y pryd. Y strôc fawr oedd mai yn Gymraeg y sgrifennwyd hi gyntaf, gan nodi o dan y teitlau iddi gael ei chyfieithu o'r Gymraeg. Roedd y cyfan yn fwy o wyliau nag o waith – deg diwrnod o hwyl a sbri ym Mharis.

Un o'r cymeriadau mwyaf doniol oedd Dillwyn Owen a oedd, er nad oedd e'n yfwr mawr, yn chware rhan meddwyn. Fe wnaeth e' ddwyn y sioe gymaint fel bod ganddo fe, erbyn y diwedd, fwy o ran na'r prif actorion a fe fu'n rhaid torri llawer mas.

Yr olygfa a gafodd y sylw mwyaf, wrth gwrs, oedd honno pan oedd Sharon Morgan a fi yn y gwely. Fi yn gwisgo dim byd ond pants a Sharon heb ei bra. Roedd Mam â chymaint o gywilydd, aeth hi ddim i'r capel am dair wythnos. Roedd hi'n ofni y câi hi ei 'thorri mas' a'i herlid lan y mynydd fel yn yr hen ddyddiau. Yna fe alwodd y gweinidog i'w gweld hi.

'Dwi ddim wedi'ch gweld chi yn y capel ers tro, Mrs Morris.'

'Na, mae gas gen i fynd ar ôl i Dewi fod yn yr hen ffilm front yna.'

'Jiw, Mrs Morris, fe wnes i ei mwynhau hi'n fawr.'

Y nos Sul nesaf roedd Mam 'nôl yn y capel yn ei sedd arferol ac yn brolio wrth bawb,

'Roedd fy mab i yn *Grand Slam*!'

Un peth rwy'n gofio am yr olygfa honno oedd, pan dorrodd y criw am baned o de, fe benderfynodd Sharon a fi aros yn y gwely. Doedden ni ddim am fynd i'r drafferth o wisgo a gorfod dadwisgo wedyn. Dyna lle'r oedden ni'n siarad ac yn yfed te yn y gwely, ac yn sydyn, o dan y gwely, dyma besychiad yn codi a llais yn galw.

'Just in case you say something about me, I'm still under the bed.'

Pwy oedd yno ond Harry North, y dyn sain.

Mae 'na stori dda am Harry yn cael ei ddal mewn argyfwng. Roedd e'n aros mewn gwesty lle nad oedd y stafelloedd yn *en suite*. Ganol nos fe deimlodd e' awydd i ddefnyddio'r toilet ar ben draw'r landing ond roedd rhywun ynddo eisoes, a fedre Harry ddim dal yn hwy. Fe edrychodd o gwmpas ei stafell a fe welodd dudalen o bapur newydd ar ganol y llawr a phenderfynodd wneud ei fusnes yn y fan honno. Y bore wedyn fe gofiodd yr hyn wnaeth e' yn ystod y nos ac aeth draw i glirio'r llanast a chael gwared o'r dystiolaeth. Ond doedd dim papur newydd yno, roedd y cyfan ar y carped. Sylweddolodd Harry nad ar bapur newydd oedd e' wedi gwneud ei fusnes ond yn hytrach ar sgwaryn o belydryn o'r lleuad yn goleuo drwy'r ffenest. Harry, felly, yw'r unig un y gwn i amdano sydd wedi caca ar belydryn o'r lleuad.

Fe wnes i ymddangos yn *Pobol y Cwm* am gyfnod. Fi oedd Wayne Harris, brawd bach Reg, neu Huw Ceredig. Yn wir, fi oedd ei frawd bach e' mewn mwy nag un ystyr. Yn y dyddiau hynny dim ond unwaith yr wythnos fyddai'r rhaglen yn cael ei dangos, felly roedd ganddon ni wythnos gyfan i ddysgu'r sgript. Roedd rhai o'r actorion yn cymryd y peth yn gwbl o ddifri, yn arbennig David Lyn. Roedd e'n eithafol o broffesiynol a fe fydde'n mynd dros ei leins dro ar ôl tro, a hynny yn y ffordd mwyaf dwys tra byddwn i yn tynnu'i goes.

'Be' ti'n wneud Dai?'

Roedd e'n gwylltio os byddwn i'n ei alw'n Dai.

'Mynd dros fy leins.'

'Mae gen ti olygfeydd gyda Dafydd Hywel, ond oes?'

'Oes, nifer ohonyn nhw.'

'Wel, paid â becso, y cyfan sy' angen i ti wneud yw disgwyl am y bylchau ac yna taflu dy leins i mewn.'

Fe fydde fe'n cerdded bant gan ysgwyd ei ben mewn anobaith. Pan ddeuai'n amser ffilmio a David yn teimlo'n nerfus iawn, roedd e' mor gydwybodol.

'Be' sy'n bod, Dai?'

'Gad lonydd i fi, rwy'n ceisio mynd dan groen y cymeriad. Mae mhen i'n troi a'r geiriau'n rhuthro rownd a rownd drwy fy meddwl i.'

'Rwy wedi dweud wrthot ti o'r blaen, gyda D.H. y cyfan sydd angen i ti wneud yw disgwyl am y bylchau.'

'Dyna'r broblem, pan wyt ti'n actio gyda D.H. *does* 'na ddim bylchau.'

Fe gefais fy 'ysgrifennu allan' o *Bobol y Cwm* drwy farw yn y gwely gyda'r cymeriad Sylvia Bevan. Yn 1987 oedd hynny, a phwy oedd y Sylvia Bevan yma oedd yn siario fy ngwely? Ie, Sharon Morgan unwaith eto. A chyn i chi ofyn, na, wnaethon ni ddim!

Yn 1974 yr ymunais i â'r rhaglen, gan weithio gyda Jac Daniels, neu Dafydd Hywel, fel mecanic y pentre. Cynlongwr own i, ac fel rhan o'r stori rown i ar long a honno'n suddo, ac am wythnosau fe fu yna ddyfalu yn y stori a oeddwn i'n fyw neu'n farw. Fe aethon nhw mor bell â chael y darlledwr newyddion Richard Baker i chware rhan drwy adrodd ar y bwletin newyddion fod yna nifer o forwyr yn dal ar goll. Roedd Mam a Dad yn gwylio'r rhaglen honno dros swper adre.

'Sôn am long Dewi ni mae hwnna, Glan,' medde Mam. 'Ti'n meddwl ei fod e'n iawn?'

Ddwedodd Dad ddim byd, dim ond ysgwyd ei ben mewn anobaith, ond roedd Mam yn gofidio a fe ffoniodd hi'r BBC yng Nghaerdydd.

'I'm Dewi Morris' mother,' medde hi. *'He's otherwise known as Wayne Harris of Cwmderi. Tell me, is he all right? Have they found him yet?'*

Un o'r cyfresi fwynheais i fwyaf oedd *Torri Gwynt*. Ronw Prothero oedd y tu ôl i'r syniad o gael rhaglen hanner awr yn llawn o sgetshus. Ef feddyliodd hefyd am gymeriad Ricky Hoyw, ond fi ddaeth lan â'r syniad o'i gael e' i ganu caneuon wedi eu cyfieithu'n llythrennol i'r Gymraeg, fel 'Help fi gwneud e' drwy'r march-og' ('Help me make it through the night') a 'Cig morfil 'to' ('We'll meet again' – neu, yn hytrach, 'Whale meat again'.) Hwyrach mai'r clasur mwya oedd cyfieithiad Ricky o

'Love Story', sy'n agor gyda: 'Where do I begin? To tell the story of how great a love can be...' Cyfiethiad Ricky oedd: 'Ble fi'n dechre o? I ddweud y stori, pa mor fawr yw cariad yn...'

Fi hefyd feddyliodd am gymeriad Ei, a mae e' wedi'i seilio ar fachan go iawn o ardal Llanon ger Aberaeron. Rown i wedi mynd â'r car i gael ei drwsio i garej y pentre a roedd gen i awr neu ddwy i'w gwario a fe es i lan y ffordd ac i mewn i gae i hel mwyar duon. Dyna lle'r own i'n pigo'r mwyar pan glywais i lais yn dod dros y clawdd. Yno roedd ffermwr yn syllu arna'i gyda'i gap lawr at ei lygaid.

'Ei, Dewi Pws. Wel myn yffarn i, ie, Dewi Pws wyt ti hefyd. *Hwthu Gwynt*. Blydi rybish. *Pobol y Cwm* yn blydi gwd, cofia. Ond Dewi Pws, myn diawl i. Ma' *Hwthu Gwynt* yn rybish, a fe allu di weud hynna ar y telifishon. A be' ti'n neud yn hala mwyar duon fan hyn? Fi bia'r cae 'na.'

'Sori,' medde fi, 'ddo i mas nawr.'

'Na, na, mae'n iawn. Caria di mlân. *Pobol y Cwm*, blydi gwd rhaglen. Ond yr *Hwthu Gwynt* yna, blwmin rybish. Hwyl nawr.'

A bant ag e'.

Fy hoff sgetsh i oedd '66 Chemical Gardens', gyda fi fel Joblot. Hwnnw yw fy hoff gymeriad i o bob un dwi wedi'i chware. William Thomas oedd Bogel, y fam, gyda Nia Caron fel Elsan y ferch, Geraint Lewis fel Rhych y mab ac Alun ap Brinli fel Mamgu. Alun oedd â'r rhan actio hawsa erioed. Y cyfan oedd e'n wneud oedd cysgu ac yna dihuno ar ddiwedd y sgetsh a dweud un llinell – yr un llinell bob tro:

'Jiw, dim ond breuddwyd oedd y cwbwl.'

Fe ddaeth rhai o'r dywediadau yn enwog drwy Gymru, dywediadau fel 'Blydi static!' a 'Wi'n mynd i ladd y mochyn!'. Enw gwreiddiol y sgetsh oedd '69 Chemical Gardens' ond fe fynnodd y cyfarwyddwr, Peter Elias, ei newid e' am ei fod e'n rhy awgrymog. Beth oedd e'n feddwl, tybed?

Fe wnaethon ni hefyd greu dau gymeriad ar gyfer *Torri Gwynt* na chafodd erioed weld golau dydd. Fe'u gwrthodwyd nhw gan Peter Elias Jones. Eto, wn i ddim pam. Eu henwau nhw, gyda llaw, oedd Ffowc Quinnell ac Offa Quinnell.

Tra oedden ni'n gweithio unwaith ar *Torri Gwynt* roedd ganddon ni gyfarfod ar bedwerydd llawr adeilad yr Undebau Llafur ym mhen uchaf Cathedral Road. Rown i wedi yfed tipyn a fe es i mas i'r toilet ac rown i'n medru gweld y criw drwy'r ffenest yn y swyddfa rownd y gornel. Fe es i mas i sefyll ar fath o silff gul oedd yn mynd o gwmpas yr adeilad a gwneud fy ffordd draw at ffenest y swyddfa. Yno, fe wnes i gnocio'r gwydr ac edrych i mewn ar y criw. Fe fuodd Peter Elias Jones bron â chael trawiad ar y galon. Dim rhyfedd, fe allwn i fod wedi cael fy lladd. Rwy wedi gwneud lot o bethe dwl yn ystod fy mywyd, ond dyna'r peth dwlaf.

Mae Peter yn fachan gofalus iawn o'i ddelwedd, o ran ei wisg. Un dydd yn HTV roedd e' a fi yn y cantîn yn cael cinio. Ar ddamwain fe wnes i wasgu *sachet* o sos coch nes i'r cyfan ffrwydro dros ei grys. Fe ddaeth rhyw olwg bell i'w wyneb e' a fe gododd a gyrru adre yr holl ffordd i Ddinas Powys i newid.

Fe wnaethon ni greu cymeriadau rheolaidd eraill ar

gyfer *Torri Gwynt*, fel Ei Bach, Cownsilyr Davies a Mansel y Barman. Roedd y cyfan yn sbort mawr.

Ers rhai blynyddoedd bellach rwy wedi bod mewn gwaith yn rheolaidd gan dreulio hanner y flwyddyn lan yn y Gogs. Mae *Rownd a Rownd*, lle dwi'n chware rhan Islwyn, dyn y siop, wedi para llawer yn hwy na'r ddwy gyfres a fwriadwyd ar y dechre. Rwy wrth fy modd gyda'r cast ifanc ac wedi gweld rhai ohonyn nhw'n tyfu o fod yn blant talentog i fod yn bobol ifanc talentog. Ddim yn unig mae'r actio'n dda ond mae'r sgriptiau hefyd o safon uchel iawn.

Wedyn fe ddaeth *Byd Pws* gan roi cyfle i fi ymweld â mannau ledled y byd na fyddwn i byth yn medru ymweld â nhw fel arfer. Yr ymweliad mwyaf cofiadwy o'r cyfan oedd yr un â Nepal. Fe fyddwn i wrth fy modd yn mynd 'nôl yno. Ond, am nawr, fe wnaiff Yr Wyddfa'r tro yn iawn.

Tua blwyddyn ar ôl i fi ddechrau ffilmio yn y gogledd fe wnes i gwrdd â rhyw Sais y tu fas i'r Gardd Fôn. Roedd e'n edmygu'r olygfa ac rown i'n cytuno ag e' am yr harddwch, gan fynd ymlaen i ganu clodydd yr ardal. Dywedais wrtho, yn farddonllyd a rhamantus, am yr awyr las, am y cymylau gwynion yn ysgubo ar draws y glesni hwnnw, sŵn rhaffau'r cychod hwylio yn taro'r mastiau yn yr harbwr, llwybr euraid yr haul wrth suddo y tu ôl i'r mynyddoedd. *'This place should be in South Wales,'* meddwn i.

Yna, dyma glywed llais yn gweiddi y tu ôl i fi, llais Dafydd G.

'So should you, you ******* ****!'

Ry'n ni'n dal yn ffrindiau mawr.

Rydw i'n ddiolchgar i Dewi am sawl peth. Onibai am natur ei hiwmor o, a'r ffaith i mi gael y fraint o ymddangos hefo fo yn 'Torri Gwynt' a 'Rhagor o Wynt' fyddwn i erioed wedi cael y cyfle i syllu, heb gael fy arestio, ar ferched 'topless' drwy ffenest 66 Chemical Gardens; fyddwn i erioed wedi cael bod yn y gwely hefo Nia Caron na chael pinsio fy nipls ganddi, nac ychwaith wedi cael y profiad unigryw o eistedd ar lin William Thomas (a chwaraeai ran mam Rhych, yr arswydus Bogel). Mae'r darluniau yna a llaweroedd eraill yr un mor fyw yn fy meddwl i heddiw ac yr oeddan nhw bryd hynny.

Am ryw reswm, roedd gweld Dewi hefo mwstash yn gwneud i mi chwerthin, ac felly yn ei gwneud hi bron yn amhosib i mi weithio gydag o. Gwyddwn nad oedd yn hoff o'r blewiach, a gwyddai yntau fy mod innau'n gwirioneddol gasáu mwstash neu farf ffug oherwydd fod pethau o'r fath yn bigog iawn, a'r glud yn gwneud fy nghroen eitha' sensitif i yn boenus o dendar. Yn ddiffael ar achlysuron felly, gwnâi Dewi ei orau glas i wneud i mi chwerthin – pethau bach, ran amlaf, na fyddai neb arall yn sylwi arnyn nhw. Rhwng gwres y stiwdio, y dillad twym a chastiau Dewi, byddai'r blew ffug yn siŵr o ddod yn rhydd, a galwai Dewi yn llon am 'Ragor o gliw i Gareth, plis'!

Tra roedden ni'n saethu pennod o 'Rhagor o Wynt' yng ngerddi crand rhyw dŷ go fawr ar ddiwrnod chwilboeth o haf (a Dewi'n chwarae rhan bwtler), bu rhywun yn ddigon ffôl i roi hambwrdd arian anferth iddo i'w gario, fel rhan o'r 'ddrama'. O fewn munud roedd Dewi'n ein dallu ni i gyd yn ein tro drwy adlewyrchu pelydrau'r haul cryf i'n llygaid oddi ar yr hambwrdd. Bu wrthi, yn ysbeidiol, drwy'r pnawn; pan oeddech yn meddwl ei fod wedi anghofio am y cast, deuai fflach sydyn o gyfeiriad yr hambwrdd, a chwerthiniad direidus o gyfeiriad y 'bwtler'. Yn amlach na pheidio digwyddai'r cwbl eiliad neu ddwy cyn i'r cyfarwyddwr alw 'Action!', a wyddai neb ond Dewi a'i gyd-actor druan pam y byddai'n rhaid galw 'Cut!' i adael i'r chwerthin ostegu.

Y rhyfeddod ydi, er yr holl gastiau (a wastraffodd filltiroedd o dâp fideo ar hyd y blynyddoedd), welais i neb erioed yn colli'i dymer hefo Dewi. Roedd y cwbl yn rhan annatod o afiaeth ac asbri'r cyfresi, ac rydwi'n sicr fod hynny wedi'i adlewyrchu ar y sgrîn. Yn wir, dangoswyd nifer o'r 'out-takes' ar ddiwedd pob rhaglen (y tro cyntaf i hynny ddigwydd yn Gymraeg) – ond gallaf eich sicrhau fod ugeiniau eraill na chafodd weld golau dydd.

GARETH LEWIS

Rwy'n falch mai fi roddodd gyfle i Dewi ar 'Pobol y Cwm'. Rhwng adloniant ysgafn a drama rwy wedi teimlo erioed fod ganddo fe dalent fawr fel actor ac fel perfformiwr. Mae e'n un o'r rheiny fedra i ei ddisgrifio fel 'artless', hynny yw, mae e'n un o'r rheiny sy'n medru cuddio'r gwaith caled mae e'n roi i mewn i'r rhan mae e'n chwarae, gan wneud i'r cyfan ymddangos yn ddiymdrech.

Yn 'Grand Slam', roedd yna bartneriaeth berffaith rhwng y prif gymeriadau, Huw Griffith, Windsor Davies, Siôn Probert a Dewi. O'u plith nhw, Dewi oedd yr olaf i sefydlu ei gymeriad. Roedd Siôn Probert, er enghraifft, wedi seilio'i gymeriad ef, Maldwyn, ar rywun oedd e'n nabod. Ond fe gymrodd bythefnos i Dewi sefydlu ei gymeriad e', ond wedyn doedd dim dal 'nôl arno.

Roedd y cyfan yn fyrfyfyr ac fe fydden nhw, yr actorion, yn

ein cadw ni i chwerthin byth a hefyd. Rwy'n cofio'r llinell hyfryd ac annisgwyl honno gan Siôn Probert am gymeriad Dewi,

'You're Llwynhendy's answer to Sacha Distel.'

Dyma Dewi wedyn yn mynd draw at Siôn a gwasgu ei geilliau a Siôn yn sgrechian cyn dweud,

'Wait till you're asked, will you!'

Fe fydde nhw'n fy nghadw i i chwerthin byth a hefyd. Ar gyfer y shot gyntaf ohonyn nhw'n cyrraedd y gwesty roedden ni wedi paratoi'n fanwl. Roedden nhw fod i ddod i mewn drwy ddrws ar y set oedd yn cyfateb i ddrws y stafell wely. Dyma'r camera'n troi, ac 'action!' A Dewi a'r criw yn cerdded i mewn drwy ddrws arall.

Dewi Pws yw'r anwylaf o ddynion.

JOHN HEFIN

Y daith gyntaf i mi ei ffilmio yng nghwmni Dewi oedd honno i'r Ynys Las. Roedd hyn yn beth anodd iawn iddo gan mai ei unig brofiadau o deithio oedd i un o ynysoedd Groeg, a hynny bymtheng mlynedd yn olynol.

Fedrech chi ddim dychmygu dau mor wahanol â ·mi a Dewi. A hwyrach mai'r gwahaniaeth hwnnw wnaeth arwain at lwyddiant 'Byd Pws'. Haearn yn hogi haearn. Dyn y ddinas ydi Dewi, a finnau wrth fy modd yn yr eangderau mawr. Mae o'n hapus o dan y goleuadau neon, a finnau wrth fy modd yn yr unigeddau. Oherwydd hynny mae Dewi, fel cyflwynydd, a minnau, fel dyn camera a chyfarwyddwr, yn tynnu oddi ar ein gilydd yn gwbl naturiol. Ar ben hynny, wrth gwrs, mae Pws yn Hwntw a minnau'n Gog.

Y gwahaniaeth mawr arall rhyngom yw fy mod i yn

greadur distaw tra'i fod o â rhyw gynhesrwydd mawr tuag at bobl. Mae'r gynneddf honno sy'n rhan o'i gymeriad wedi creu cryn argraff arna i.

Hoffter Dewi at grwydro mynyddoedd wnaeth sbarduno Robin Ifans o Ffilmiau'r Nant i roi cychwyn ar y teithiau. Mae Dewi'n gerddwr mynydd da. Mae o'n gryf yn gorfforol, yn ffit ac mae ganddo fo injan dda, yn arbennig ar y ffordd i fyny. Mae hi'n stori arall ar y ffordd i lawr, gan fod rygbi wedi difetha ei bennau gliniau. Ond wnaiff o byth ddringwr. Nid ei fod o am fod yn ddringwr. Yn un peth mae o'n ofni uchder. Eto'i gyd, ar y Cuillin ar Ynys Skye fe lwyddodd i oresgyn ei ofnau a hynny wrth ddringo ar hyd un o'r cribau mwyaf anodd yng ngwledydd Prydain.

Mae o ofn hedfan hefyd. Yn wir, mae o'n tueddu i ofni unrhyw beth nad ydi o'n ei ddeall. Ond unwaith y gwnaiff o ddeall natur yr her, does dim problem.

Un o'i lwyddiannau mwyaf gorchestol fu dringo'r pedwar copa ar ddeg yn Eryri sy'n uwch na thair mil o droedfeddi. Mae rhai yn mynnu fod yna bymtheg, ond stori arall yw honno. Mae rhai siniciaid yn amau i Dewi gyflenwi'r gamp, ond rwy'n dyst iddo wneud hynny mewn ugain awr.

Ar ein gwahanol deithiau, rôl Pws yw chwarae rhan y teithiwr anfoddog, ac mae o'n llwyddo'n ardderchog. Rhan o'r gêm yw ei fod o'n tynnu arnaf fi am fynd ag o i'r fath lefydd.

O flaen y camera mae ganddo dric sy'n gweithio bob tro wrth ymateb i wahanol sefyllfaoedd. Mae o'n medru addasu ei gorff a'i wyneb yn glyfar iawn. Ar ein taith gyntaf, allan ar yr Ynys Las, yn y man mwyaf gogleddol yn y byd lle mae pobol yn byw, roedd angen i ni godi pabell ar ben ein slediau. Fe'n cynghorwyd gan heliwr lleol, Iko, i gysgu yn ein dillad rhag ofn y byddai angen i ni symud yn gyflym mewn argyfwng.

Beth oedd yr argyfwng posib? Roeddan ni ar rew môr, a phetai'r môr yn ymchwyddo'n sydyn fe fedren ni gael ein cario i ffwrdd ar ddarn o rew ar drugaredd y tonnau. Roedd yr ymateb ar wyneb Dewi yn adrodd cyfrolau.

ALUN HUWS

Chwat ith ddy Thŵp?

Ar wahân i f'arhosiad yn Aber ar ddechrau'r saithdegau, y cyfnodau hwyaf dwi wedi'u treulio oddi cartref yw'r adegau hir o ffilmio lan yn y gogledd. Pan gychwynnodd *Rownd a Rownd*, wnaeth neb freuddwydio y bydde'r gyfres yn dal i fynd wyth mlynedd yn ddiweddarach. Y penderfyniad cynta, ar ôl derbyn y cynnig gan Ffilmiau'r Nant, oedd mynd lan i'r gogledd – neu i Tibet, fel y bydda i yn galw'r lle – am chwe mis o'r flwyddyn.

Rhwng y sesiynau o ffilmio fe all bywyd fod yn ddigon diflas, er bod golff yn help, wrth gwrs, i lenwi'r amser. Ond un dydd, gan nad oedd gen i bartner, fe es i mas am jog – ddim am unrhyw reswm amlwg, roedd e' jyst yn rhywbeth gwahanol i'w wneud. Rhyw hanner cerdded a hanner rhedeg wnes i, a hynny lan Yr Wyddfa yn gwisgo daps. Fe gyrhaeddais i'r brig ac edrych o gwmpas a chael cymaint o bleser fel i fi benderfynu gwneud y daith yn amlach. O'r diwrnod hwnnw ymlaen, rwy wedi bod yn cerdded yn rheolaidd yn Eryri.

Fe gymrais y peth gymaint o ddifri fel i fi fynd ar gyrsiau cyfeiriadu a darllen mapiau ac ati, fel y gallwn i fentro mas ymhob tywydd, haf a gaeaf. Fe wnes i hefyd brynu crampons a bwyelli iâ a'r offer i gyd gan deimlo nawr fy mod i'n rêl bachan. Un diwrnod fe es i lan ynghanol lluwchfeydd eira a theimlo fel rhyw anturiaethwr mawr fel Scott ar ei ffordd i Begwn y Gogledd.

Hanner y ffordd lan dyma ddod at dro yn y llwybr heibio i graig fawr, a beth welais i ond ci bach yn dod i gyfarfod â fi rownd y tro, ci defaid yn ysgwyd ei gynffon yn gyfeillgar. Yn ei ddilyn roedd ffermwr yn ei gôt fawr, a honno wedi'i chlymu â chortyn beinder rownd ei ganol, bachan digon tebyg i Ei yn *Torri Gwynt* ond fod gan hwn acen gogs. Dyna lle'r own i'n gwisgo'r gêr diweddara, yn cynnwys masg lliw, tra oedd hwn mas yn y lluwchfeydd yn ei ddillad bob dydd. Fe stopiodd i siarad â fi, a hynny yn Saesneg. Mae'n siŵr ei fod e'n meddwl mai dim ond Sais fydde'n ddigon twp i fod mas yn cerdded yn y fath dywydd,

'What in the world are you doing out on the mountain on a day like this?'

Doedd gen i ddim ateb ond fe gododd o gymaint o gywilydd arna'i fel i fi droi'n ôl a mynd adre.

O dipyn i beth fe wnaeth pobol eraill ymuno â fi, Dennis Pritchard Jones, er enghraifft, a oedd yn cyfarwyddo *Rownd a Rownd*, ac un o'r actoresau ifanc, Lisa Jên. Rwy'n cofio'n dda y tro cynta wnes i gyfarfod â Lisa Jên. Dim ond croten fach oedd hi bryd hynny a dyma hi'n edrych arna i'n ddryslyd a gofyn,

'Pwy uffarn wyt ti, 'ta?'

Cwestiwn da. Un dydd, ar ddiwrnod brwnt iawn, fe aeth Dennis, Lisa a finne lan Yr Wyddfa. Roedd hi'n dywydd gwael, niwl a glaw dros bobman. Yn wir, roedd hi'n beryglus bod mas, ond roedd Dennis a finne wedi cael noson fawr y noson cynt ac am glirio'n pennau. Yna, yn sydyn mas o'r niwl, dyma rhyw fachan bach yn ymddangos mewn mac plastig a hugan am ei ben, yn union fel petai e' ar ei ffordd i'r capel ar fore dydd Sul.

Dim ond llyfr emynau o dan ei gesail oedd yn eisiau. Wrth iddo fe agosau fe sylweddolon ni mai bachan o Japan oedd e'. Roedd e'n amlwg ar goll yn llwyr.

'*I lost*,' medde fe, '*I no know where to go*.'

Roedd hi bron yn amhosib ei ddeall e' oherwydd sŵn y gwynt.

'Pardwn? Be' sy'n bod?'

'*Me lost, me very frightened.*'

Roedd e'n crynu, a nid yr oerfel yn unig oedd yn gyfrifol am hynny. Roedd e' wedi'i frawychu. Fe wnaethon ni ei wahodd e' i ddod gyda ni lan i'r copa a dweud wrtho y gwnaen ni fynd ag e' i'r caffi. Yntau wedyn yn meddwl ein bod ni'n gwneud hwyl am ei ben e'. Fedre fe ddim credu fod caffi ar gopa'r fath le anial. Fe lwyddon ni i'w berswadio ein bod ni o ddifri a fe wnaethon ni rannu rhai o'n dillad cynnes ag e' a mynd ag e' lan. Ar y ffordd fe ofynnais iddo o ble oedd e'n dod. Ei ateb e' oedd rhywbeth fel *Slanperus*. Methu'n lân â'i ddeall a gofyn eto a chael yr ateb, '*Slanperus by the rake*'. Ble yn Japan oedd *Slanperus by the rake*? Ac yna dyma'i ddeall. *Llanberis by the lake*.

Ar ôl paned fe wahoddais e' i ddod adre gyda fi i aros ac roedd e'n methu credu'r ffaith fod dieithryn llwyr yn ei wahodd e' adre. Pan gyrhaeddais adre a dweud wrth Rhiannon, y wraig, wnaeth hi ddim synnu dim. Fel 'na mae Rhiannon a fi, mae drws agored yn ein tŷ ni a chroeso i bawb alw heibio, ddim ond bo nhw'n talu, wrth gwrs! Gyda llaw, enw'n cartref yn yr Eglwys Newydd yw Drws Nesa. Mae Kate a Greg yn byw yn y tŷ wrth ein hochr ni a fe wnaethon nhw enwi eu cartref yn Drws Nesa Ond Un. O weld y dyn dieithr yma o Japan, y cyfan ofynnodd Rhiannon oedd beth ddiawch fedrai hi baratoi iddo fe i fwyta? Fe arhosodd gyda ni am dri diwrnod a fe wnes i'n siŵr ei fod e'n gwbwl gartrefol drwy fynd ag e' lawr i Gardd Fôn am beint neu ddau, a'i yrru fe rownd Gogledd Cymru i fannau fel Llanfairpwll. Roedd e' wrth ei fodd.

Roedd Dennis Pritchard Jones, gyda llaw, yn dioddef yn ddrwg o fertigo pan ddechreuodd e' gymryd diddordeb mewn cerdded mynyddoedd. Ond, drwy ddyfalbarhad, fe lwyddodd i goncro'i ofn o uchder. Petai hi'n dod i hynny, rwy'n ofni uchder fy hunan ac yn arswydo bob tro fydda i'n hedfan. Ond does dim dewis ond hedfan pan mae gwaith yn galw. Rwy'n cymryd meddyginiaeth i goncro'r ofn. Ei enw fe yw cwrw.

Yr her fwyaf ges i wrth gerdded Yr Wyddfa oedd mynd ag Emyr Wyn lan i'r copa ar hyd llwybr Pen y Gwryd. Mae mynd ag Emyr Wyn i unrhyw fan yn her ac roedd mynd ag e' i ben Yr Wyddfa yn her a hanner. Wn i ddim sut wnaethon ni lwyddo, ond fe gariodd Emyr Penlan Guto, un o feibion Emyr, yr holl ffordd lan. Roedd Emyr Wyn a'r teulu i gyd yno, a thua hanner y ffordd lan dyma fe'n troi at ei wraig a gofyn iddi,

'Siwan, ble ma'r dŵr?'

A Siwan yn ateb,

'Emyr, rwyt ti wedi yfed fy nŵr i, dŵr dy blant a dy ddŵr dy hunan.'

Oedd, roedd e' wedi yfed dŵr pawb ac yn dal yn sychedig. Ar y copa dyma fe'n edrych lawr ar hyd y llwybr ac yn nodi'r mannau arwyddocaol,

'Lawr fan'na ges i fertigo. Lawr fan draw ges i *double*

vision. Ddau gan llath nes lawr fe ges i *mild coronary.* A nes i lawr wedyn fe ges i *total liver failure.*'

Roedd pob man yn ei atgoffa o ryw salwch neu'i gilydd ac yn ein hatgoffa ni o'i heipocondria.

Er mwyn hwyluso pethe ar y ffordd yn ôl fe gynigiodd Dennis a fi ruthro lawr i nôl ein ceir fel y medren ni gwrdd ag Emyr a'r teulu ar waelod llwybr Llanberis. Ac yno y buon ni'n aros, aros ac aros. Dim sôn am Emyr a'r teulu. Fel roedd pobol yn dod lawr fe fyddwn i'n gofyn a oedden nhw wedi digwydd gweld dyn bach tew a moel, a'i deulu, rywle ar y ffordd. Na, doedd neb wedi'u gweld nhw. Rown i'n dechre becso. Yna dyma fy ffôn poced i'n canu. Emyr oedd ar y pen draw yn ffonio.

'Ble ddiawl wyt ti?'

Finne'n ateb, 'Yn bwysicach fyth, ble ddiawl wyt ti?'

A'r ateb anhygoel yn dod, yn gwbwl ddidaro, 'O, rwy yn Pete's Eats yn Llanberis.'

Roedd y diawl wedi dal y trên lawr a wedi mynd i fwyta. Roedd Siwan a'r plant wedi bod yn awyddus i gerdded lawr ond na, fe fynnodd Emyr Wyn ddal y trên.

Un tro fe wnaeth Dennis adael ei gamera yn ein tŷ ni, a ffilm yn dal ynddo fe. Fe wnes i dynnu 'nillad a chael Rhiannon i dynnu llun ohona i o'r cefn yn dal placard yn dweud, *'Love to Dennis, from your boyfriend'*. Pan aeth e' â'r ffilm mewn i gael ei datblygu a'i phrintio roedd pobol y siop yn edrych braidd yn od arno fe.

Fe wnaeth cerdded ddisodli, i raddau helaeth, fy niddordeb i mewn golff, a chyn hynny mewn chware Scrabble. Mewn cyfnod pan own i mas o waith, fe fyddwn i'n chware llawer o Scrabble gydag Emyr Wyn. Bob dydd fe fydden ni'n mynd i'r dafarn i chware ac yfed gwin ac yn raddol fe ddechreuodd y gwin fynd yn bwysicach na'r Scrabble felly, un dydd, fe aethon ni draw i'r lle *pitch and put* am dipyn o newid. Fe arweiniodd hynny at golff go iawn. Fe brynodd Emyr Wyn set o ffyn, ac yna fe wnes inne brynu set a mynd i gael gwersi. O ganlyniad i'r hyfforddiant, fe es i ati un diwrnod i roi cynghorion i Emyr, a oedd yn cael trafferthion mawr ar y pryd. Fe ddwedais wrtho sut oedd cyfarch y bêl a'i ddysgu pa mor bwysig oedd cadw'i fraich chwith yn syth, rhoi'r pwysau ar ei droed dde, cadw'i ben y tu ôl i'r bêl ac yna swingio'i gluniau tua'r chwith wrth iddo ddechrau swingio lawr a chadw'r gafael yn ei law dde. Os oedd e'n wael cyn hynny, fe aeth e'n waeth fyth, gan edrych yn union fel petai e' wedi mynd yn gripil. Wedyn y sylweddolais i mai chwaraewr llaw chwith oedd e', felly roedd popeth ddysgais i iddo fe i'r gwrthwyneb. Doedd e' ddim yn hapus. Mae ôl ei *putter* e'n dal ar fy nhîn i.

Rwy'n cofio Huw Ceredig wedyn yn chware ei gêm gyntaf erioed o golff yng Nghaerfyrddin. Mas â ni ar y cwrs a Huw yn gofyn i fi ei ddysgu.

'Iawn,' medde fi, 'rho'r bêl lawr o flaen dy draed ac edrych arni. Wel na, yn dy achos di, jyst dychmyga ble mae hi.'

Fe glatshodd e' fi yn hytrach na chlatsho'r bêl.

Fe gymrais i at golff yn ddifrifol a dod lawr mor isel â handicap o ddeg. Ond unwaith, yn Ynys Las, fe ges i fy ngollwng i lawr i unarddeg, a hynny am fod Emyr Wyn wedi cwyno am rywbeth wnes i. A gêm gyfeillgar oedd hi.

Mae *etiquette* yn beth mawr mewn golff. Unwaith, ar gwrs Harlech, fe ges i bregeth am nad oedd fy sanau i yn ddigon hir. Pan es i mas y tro nesa fe giliais i'n slei bach i'r llwyni a dod 'nôl yn gwisgo dim byd ond sanau, sgidie, cap a maneg! Roedd y chwaraewyr eraill yn edrych i gyfeiriad arall ar y pryd.

'Rheol ddwl yw honna am wisgo'r sanau iawn,' medde fi.

Pan wnaethon nhw droi i edrych fe fuon nhw jyst iawn â llewygu. Fe aeth y stori o gwmpas wedyn 'mod i wedi chware dau dwll yn Harlech yn hollol noeth. Ond doedd hynny ddim yn wir. Dim ond un twll wnes i chware.

Yn Aberpennar fe enillais i gar modur am lwyddo i gael twll-mewn-un. Rwy'n cofio nawr, bwrw'r bêl â ffon rhif tri bellter o ddau gan llathen. Rown i'n chware mewn pedwarawd a'r pedwar ohonon ni wedi penderfynu y bydden ni'n siario popeth, gan feddwl na wnaen ni ennill, ar y gorau, ddim byd mwy na bocs o beli. Fe fu'r twll-mewn-un yn dipyn o sioc – roedd deall fod car modur yn wobr yn fwy fyth o sioc. Ond petawn i wedi derbyn y car fe fyddwn i wedi colli fy statws amatur, felly fe wnes i ei roi e'n ôl. Roedd dau o'r tri arall yn cytuno ond fe bwdodd y pedwerydd. Roedd hwnnw am gael ei ran e' o bris y car. Beth bynnag, fe fues i, mewn egwyddor, yn chwaraewr proffesiynol am ychydig funudau gan ddal allweddi'r car yn fy llaw cyn eu rhoi nhw 'nôl, a fe wnes i araith fach:

'Dwi ond wedi bod yn broffesiynol am bum munud, ac eisoes ry'ch chi, y blydi amaturiaid, yn mynd ar fy blydi nerfau i.'

Diwedd y stori oedd i fi gael siec am £4,500, a rhannu'r cyfan rhwng y tri arall. Ches i ddim hyd yn oed gydnabyddiaeth oddi wrth y bachan wnaeth bwdu.

Rhan bwysig o chware golff oedd y gwahanol dripiau.
Y trefnydd, wrth gwrs, oedd Emyr Wyn. Mae Emyr, pan
mae e'n cael hwyl arni, yn golffiwr arbennig o dda – ond
pan mae pethe'n mynd o le, mae e'n dueddol o fynd yn
yfflon! Ein llysenw ni arno fe yw *The Chef*. Pam? Wel,
pan mae e'n ergydio ar ei waethaf mae ei gyd-golffwyr yn
debyg o ddweud, '*Where's 'e gone?*' Egon, chi'n deall?
Egon Ronay?

Mae e'n drefnydd da ac mae ei air e'n ddeddf – a dyna
pam mae ganddo fe lysenw arall, *Überleutnant*. Emyr
drefnodd fy mharti stag i. Fe aethon ni'n griw draw i
Wexford yn Iwerddon. Cyn dal y fferi yn Abergwaun fe
chwaraeon ni rownd o golff yn Nhrefdraeth. Ar y daith
roedd pob un ohonon ni'n gwisgo crys T yn dwyn y
llythrennau SDP, sef Stag Dewi Pws. Ar ddiwrnod ola'r
daith fe ddaeth J. O. Roberts a John Ogwen ata i a dweud
eu bod nhw wedi cynllunio'r crysau ar gyfer y flwyddyn
wedyn ac ar y rhain roedd y llythrennau DDP. Beth oedd
y llythrennau yn ei olygu? Wel, Difôrs Dewi Pws. Yn
ffodus, rwy'n dal yn briod, ac yn cofio enw'r wraig.

Ar gwrs golff Enniscorthy, yn Swydd Wexford, y
gwelais i ergyd wyrthiol gan Emyr Wyn. Roedd y lawnt
lan ar gopa bryn ac roedd gan Emyr tua dau can llath i
fynd. Rhyngddo fe a'r twll roedd bachan ar dractor yn
torri'r borfa ond doedd Mr Wyn ddim yn mynd i aros,
oedd e'? Dyma ergyd i'r bêl. Fe hedfanodd honno i
mewn i gaban y gyrrwr tractor gan dasgu i bob cyfeiriad
cyn saethu'n ôl ac i mewn i'r injan torri gwair. Fe aeth i
mewn i'r llafnau ac yna fe'i taflwyd gan y peiriant lan
dros gaban y tractor a fe laniodd o fewn llathen i'r twll.
Dyna lle'r oedd Emyr yn sefyll yn fuddugoliaethus fel

petai e' wedi trefnu'r cyfan. Ond y ffaith fwya doniol oedd nad oedd gyrrwr y tractor wedi sylweddoli fod unrhyw beth anarferol wedi digwydd.

Ar y daith fe fuon ni'n chware golff bob dydd mewn gwahanol fannau, ar wahân i'r dydd Sadwrn, diwrnod gêm derfynol Cwpan Lloegr rhwng Spurs a Nottingham Forest. Fe benderfynodd Ceredig a dau neu dri arall aros yn ninas Wexford i wylio'r gêm ar y teledu. Roedden ni'n gadael am adre y diwrnod wedyn a fe gofiodd Huw ar ganol y gêm nad oedd e' wedi prynu presant i Margaret, ei wraig. Fedre fe, wrth gwrs, ddim gadael y gêm, felly fe roddodd e' bymtheg punt i un o'r criw i ddewis a phrynu presant ar ei ran. Mae Ceredig yn hen ramantydd yn y bôn.

Ymhlith y criw ar y daith roedd Rhys Evans, Geraint Evans a Rhys Parri Jones. Aethon nhw ddim ar gyfyl cwrs golff. Yn wir, wnaethon nhw ddim symud o'r bar am dridiau. Na, mae hynna'n annheg, fe wnaethon nhw symud unwaith – i far arall.

Hyd yn oed ar ddiwrnod y briodas fe wnes i'n siŵr fod cwrs golff naw twll yn rhan o'r gwesty lle trefnwyd y wledd a lle roedd pawb o'r gwesteion yn aros, ym Mryn Morfudd yn Rhewl ger Dinbych. Fe gawson ni rownd o golff cyn y gwasanaeth a rownd arall wedi'r wledd. Yn chware ar y cwrs o'n blaen ni roedd aelod o'r grŵp Gwyddelig, The Bachelors. Roedd e' mor araf yn mynd o gwmpas fel iddo fe wylltio Lyn Ebenezer, a oedd yn un o'r pedwar oedd yn dilyn. Fe hitiodd hwnnw'i bêl cyn i'r boi yma orffen y twll a fe hedfanodd heibio'i glust chwith e'. Modfedd arall i'r dde a fe fydde'r Bachelors wedi bod yn ddeuawd yn hytrach nag yn driawd.

Ebenezer, gyda llaw, oedd fy ngwas priodas i. O leiaf, fe oedd fod yn was priodas. Oni bai am Jên, ei wraig, fe fydde popeth yn anhrefn llwyr. O flaen y capel roedd y golffwyr a oedd yn westeion wedi ffurfio dwy linell, gyda phob un yn dal ffon golff yn uchel i ffurfio to, a fe fu'n rhaid i fi a Lyn gerdded o dan y to o ffyn i mewn i'r capel. Yn y sêt fawr, wrth i fi ddisgwyl i Rhiannon gyrraedd, roedd gen i ddarn bach o bapur wedi'i binio ar gefn fy siwt. Arno fe roedd y gair 'HELP'. Yn ystod y wledd fe ddwedodd Bob Roberts, fy nhad-yng-nghyfraith newydd, rywbeth doniol iawn,

'Petai rhywun wedi dweud wrtha i ugain mlynedd yn ôl y gwnâi fy merch i briodi Dewi Pws, fe fyddwn i wedi mynd i Papua New Guinea i ddysgu Cymraeg fel ail iaith.'

Yn ystod y briodas doedd dim llawer o le i brotocol. Ar y ffordd o'r capel yn ôl i'r gwesty, er enghraifft, fe fynnais i fod Ebenezer yn teithio yn yr un car â Rhiannon a fi. Fe wnes i awgrymu y dylai'r ddau ohonon ni deithio gyda'n gilydd yn y cefn a Rhiannon wrth ochr y gyrrwr. Ond, chware teg i Ebenezer, roedd e'n meddwl fod hynny'n mynd braidd yn rhy bell a fe wnaeth e' eistedd wrth ochr y gyrrwr. Yn ystod y daith honno fe dynnais i nhrowser bant a chwifio nghoesau mas drwy ffenest ôl y car.

Ar daith golff arall yn Iwerddon roedden ni'n gyrru drwy ryw bentref bach. Fi oedd yn gyrru, ac Emyr Wyn, yn ei ddull Capten Mainwaring arferol, yn gweiddi gorchmynion.

'Dewi,' medde fe, 'stopia fan hyn. Ma' siop tships draw fan'na.'

A dyna beth wnes i. Fe stopies i'r bws mini yn y fan a'r

lle ar ganol y stryd, diffodd yr injan a mynd mas, cloi pawb i mewn a cherdded bant. A dyna lle oedden nhw yn gaeth, â'r ceir a'r loris a'r bysus yn canu eu cyrn wrth ffaelu mynd heibio, ac Emyr Wyn yn ceisio esbonio wrth ryw blismon fod y gyrrwr wedi dianc.

Ar y teithiau hyn roedd ganddon ni'r ddau fwytawr mwya yn y byd, Huw Ceredig ac Emyr Wyn. Un tro fe drodd Huw at y ferch oedd yn gweini a dweud wrthi,

'I hope you don't think I'm greedy, but I think I'll have the three starters first.'

Wrth gwrs, fe wnaeth e' fwyta'r prif gwrs hefyd, a'r pwdin. Ac am Emyr Wyn, unwaith fe archebodd hwnnw *chowder* a fe gafodd e' un anferth, saig enfawr. Roedd e' mor neis, fe archebodd un arall ac roedd e' eisoes wedi yfed wyth peint o Ginis. Ond, ar ôl dau *chowder,* dyma archebu cimwch. Wedyn fe gododd i ymuno â chriw yr ochr arall i'r bwyty ac, o gornel fy llygad, fe welais i'r weinyddes yn cario cimwch arall iddo fe.

Yn araf bach fe ddechreuodd ei liw e' newid. Yn gyntaf i wyn ac yna i wyrdd a fe redodd i'r toilet. Pan ddaeth e' mas fe gyfaddefodd iddo fe fod yn sâl, a fe aethon ni mewn i weld y difrod. Roedd e' wedi cael gwared o'r ddau *chowder*, y ddau gimwch a'r wyth peint o stowt dros y drych, dros y welydd a thros y to.

Ond doedd hyd yn oed hynny ddim cynddrwg â'r hyn wnaeth Gareth Davies, pan oedden ni'n dau yn siario stafell mewn gwesty yn Iwerddon. Yn ystod y nos fe gododd yn ei gwsg gyda'r bwriad o fynd i'r tŷ bach. Fe ddihunais i wrth deimlo rhywbeth gwlyb, twym ar fy wyneb. Dyna lle'r oedd Gareth yn piso drosta'i.

'Gareth!' medde fi, 'stopa, ti'n piso drosta'i!'

'O,' medde fe, yn ddigon sarcastig, 'mae'n ddrwg gen i!'

Fe allech chi feddwl mai arna i oedd y bai ei fod e'n piso drosta'i!

Ar ymweliad arall ag Iwerddon rown i wedi prynu coler a ffrynt crys ficer. Fel own i'n cerdded lawr y stryd yn Cillairne, a'r coler a'r crys amdana i, fe wnes i bron iawn â baglu dros rhyw foi oedd wedi cael ei daflu mas o dafarn am fod yn feddw. Fe blygais i drosto fe a'i helpu fe i godi a fe edrychodd e' braidd yn euog arna i.

'*Forgive me, Father,*' medde fe. '*I'm very sorry for the state I'm in.*'

'*That's all right, my son,*' medde fi. '*Bless you. Come and have a pint with me.*'

A fe es i ag e' mewn i'r dafarn nesa.

Fe gafodd Rhys Ifans a finne drafferth fawr unwaith o achos Gwyddel meddw yn Brimingham. Roedd e' fod i'n gyrru ni 'nôl i'r gwesty ond fe geisiodd rhywun mewn awdurdod ei atal e' a dweud nad oedd e' mewn cyflwr digon sobor i'n gyrru ni. Gwadu oedd y Gwyddel a thyngu ei fod e'n iawn. Roedd Rhys a finne hefyd wedi cael tipyn i'w yfed a fe wnaethon ni gefnogi'r Gwyddel. I mewn â ni i'r sedd ffrynt, a'r Gwyddel yn diolch i ni o waelod calon am ymddiried ynddo fe. Fe gychwynnodd e'r bws a saethu lan y ffordd, ar draws traffordd a lan rhyw ffordd arall. Erbyn hyn doedd e' ddim mewn cyflwr i stopio'r bws. Fe fu'n rhaid i Rhys afael yn y llyw, a fi newid y gêrs. Ar y ffordd roedden ni'n teithio mor gyflym fel i ni fynd heibio i injan dân.

Fy arwr mawr i mewn golff oedd Seve Ballesteros ac, un diwrnod, fe ddaeth fy mreuddwyd i o gwrdd ag e' yn wir. Rown i gyda Huw Eic yn St. Pierre yn sylwebu ar gyfer Radio Cymru. Fe aeth Huw a finne i mewn i'r stafell fwyta a helpu ein hunain i'r cwrs cyntaf, cawl. Yn sydyn fe deimlais i ryw bresenoldeb a dyma Huw yn codi'i fawd arna i ac yn gwenu. Pwy oedd yn sefyll y tu ôl i fi ond y dyn ei hunan, Seve. A dyma Seve yn dod ata i a gofyn cwestiwn, yn ei Saesneg bratiog:

'Chwat ith ddy thŵp?' Hynny yw, *What is the soup?*

Fe aeth fy nerfau i'n yfflon rhacs ac yn fy awydd i'w blesio fe dyma fi'n ateb.

'Thellery!'

Wnaeth e' ddim sylwi, diolch byth, dim ond ateb,

'A, well, too hot for thoup anyway.' A bant ag e', gan adael Huw Eic bron iawn yn rholio ar y llawr yn chwerthin.

Fe gafodd Max Boyce y profiad o chware gyda Seve ar y diwrnod cyn y bencampwriaeth Epson yn St. Pierre. Er mai gêm gyfeillgar o enwogion yn erbyn golffwyr proffesiynol oedd hi, roedd Seve am ennill. Yn wir, mae Seve eisiau ennill popeth, hyd yn oed y raffl. Ar y pumed twll fe aeth Seve i drafferthion ond fe ddaeth e' mas ohoni yn wyrthiol gan blygu'r bêl, bron iawn, rownd i goeden.

'Great shot, Mr Ballesteros,' medde Max.

'No,' medde Seve, *'not a great shot, just a good shot.'*

Yn nes ymlaen roedd Max mewn trafferthion. Yn rhyfeddol fe lwyddodd i hitio'r bêl yn berffaith a'i chael hi i lanio yn agos i'r twll. A Seve yn troi ato,

'Good shot, Max,' medde fe.

'No, Mr Ballesteros,' medde Max, *'that wasn't a good shot, that was a BLOODY GREAT shot.'*

Fe ddylwn i sôn am un llwyddiant arbennig mewn golff. Roeddwn i'n un mewn pedwarawd a enillodd y

'Lord Taverner's Tim Rice Classic' yn St. Pierre yn 1991, fi, Emyr Wyn, Gareth Roberts a bachan o'r enw Rocky Tyler, a oedd wedi bod yn *stuntman* mewn ffilmiau. Fe dynnodd e'i grys bant unwaith, a fe welson ni linellau ar ei gefn fel leins rheilffordd ar fap – olion creithiau a phwythau. Yn un o ffilmiau Michael Winner roedd gofyn i Rocky neidio o uchder a disgyn ar ben llwyth o focsys. Ond am fod y bocsys mewn shot, fe'u symudwyd nhw heb i Rocky wybod. Fe neidiodd a fe ddisgynnodd ar ei gefn ar y llawr. Rocky fu'n gyfrifol am y bluen a enillodd i ni'r wobr.

Fe ddilynodd golff yn naturiol i lenwi'r bwlch a grewyd wedi i fi roi'r gorau i rygbi a phêl-droed. Rwy'n cofio'r tro olaf i fi chware pêl-droed. Rown i tua deugain oed ac yn chware yn y Cynghrair Dydd Mercher i 'Canton Locomotive'. Fe gawson nhw'r enw am eu bod nhw i gyd, ond fi, yn gweithio ar y rheilffordd. Dyma drefnydd y tîm, Dai Rees, yn fy nanfon i lawr i Gaeau Llandaf. Yno roeddwn i fod i ddweud mai fe oedd wedi fy nanfon i yno. Lawr â fi a chyflwyno fy hunan i'r capten fel 'Dewi'.

'O,' medde'r capten, *'hello, Joey.'*

A Joey fues i drwy'r gêm. Roedd y gweddill i gyd yn fois mawr tew, llawer yn hŷn na fi, ar wahân i ddau fachan ifanc a oedd yn feddw dwll. Roedden ni'n chware yn erbyn yr Institiwt ac rown i'n meddwl mai rhyw glwb bach lawr yr hewl oedd e' ond na, roedden ni'n chware yn erbyn y 'Cardiff Sports Institute', criw o fois ffit a oedd yn cymryd pethe o ddifri.

Fe awgrymodd y capten y dylwn i chware yn y cefn gan ddod lan y cae pan fedrwn i. Ond fe rybuddiodd fi rhag pasio'r bêl i rywun gyda'r llys-enw *Jig Saw* pan fydde hwnnw yn y blwch cosb.

'Pam *Jig Saw*?' medde fi.

A'r ateb yn dod, '*Because he goes to pieces in the box.*'

Fe wnaethon ni golli 14–1, a fi sgoriodd ein hunig gôl.

Roedd gen i broblem fawr yn fy nghoes dde gan ei bod hi'n gollwng o tana' i yn sydyn. Y tro cynta i hynny ddigwydd oedd wrth i fi chware sgwash yn erbyn Huw Eic. Fe blygodd fy nghoes i o tana' i a fe ddisgynnais mewn poen.

'Pwynt i fi,' medde Huw Eic, 'a fi hefyd sy'n ennill y gêm.'

Fel petai hynny ddim yn ddigon, fe fynnodd gael peint oddi arna'i hefyd am iddo fe ennill.

Yr ail dro i'r goes fynd oedd wrth i fi chware pêl-droed i *Bobol y Cwm*. A dyna pryd benderfynais i roi'r gorau i'r gêm, ar wahân i honno i 'Canton Locomotive'. Golff, a wedyn cerdded, lenwodd y bwlch.

Y diddordeb yma mewn cerdded, a'r awydd fuodd ynddo i erioed i deithio, wnaeth arwain at y cyfresi teledu *Byd Pws*. Mae'n rhyfedd, yn ystod teithiau tramor, sut mae cyd-ddigwyddiad wedi chware rhan, a hynny droeon. Yn Alice Springs fe benderfynais i fynd i nofio am hanner awr wedi chwech y bore. Rown i ar fin plymio i mewn i'r pwll pan glywais i lais rhywun yn fy nghyfarch,

'Diwadd, Dewi Pws, sut wyt ti?'

Does gen i ddim syniad hyd y dydd heddiw pwy oedd e'.

Bryd arall roedd Rhiannon y wraig a finne yn cerdded ar draeth yn Bali a dyma rywun yn dod lan ac yn fy nghyfarch yn Gymraeg, wrth fy enw. Fe esboniodd e' mai ei enw oedd Cemlyn a'i fod e' yno fel un o'r Terfeliaid, hynny yw, clwb cefnogwyr Bryn Terfel. Roedd dros drigain ohonyn nhw yno. Dwi ddim yn cofio'r ddeg awr nesa!

Yn y Gambia wedyn rown i ar y traeth ganol nos, gwynt ganja ymhob man a dim ond llygaid gwynion y bobl dduon lleol i'w gweld yn y tywyllwch. Roedd yr awyrgylch yn ddigon brawychus rywfodd. Mae gen i ryw arferiad wrth gyfarch pobol, ble bynnag fydda i yn y byd, i wneud hynny yn Gymraeg. Rhyw ddweud 'Shwmai?' A dyna beth wnes i'r tro hwn wrth fynd heibio i fachan du. A dyma fe'n ateb,

'Sut ma'i? Sut 'dach chi?'

Fe brysurodd e' i ddweud nad oedd e'n medru Cymraeg ond fod rhyw Cefin Roberts o Gymru wedi ei ddysgu sut i gyfarch pobol yn Gymraeg.

Ar hyn o bryd rwy'n siario fy amser rhwng Caerdydd a'r Felinheli ac yn cael y gorau o'r ddau fyd, golff yng Nghaerdydd a cherdded yn y Felinheli.

Fe fu 2003 yn flwyddyn dda. Fe enillodd dyn camera a chyfarwyddwr *Byd Pws*, Alun Huws, Wobr Bafta a fe wnes i ennill Gwobr y Gymdeithas Deledu Brydeinig fel y cyflwynydd rhanbarthol gorau am gyflwyno'r gyfres. Roedd y seremoni wobrwyo yn Llunden yn uffernol o boring felly fe benderfynais i fywiogi pethe. Ar ôl diolch am y fraint o ennill fe ddwedes i mai dim ond un person oedd yn haeddu diolch, sef Mrs Dilys Thomas o rif 39 Alfreda Road, Yr Eglwys Newydd, Caerdydd a oedd, dros y tri mis diwethaf – heb yn wybod i'w gŵr – wedi bod yn rhoi un i fi. Fe fuodd y cyflwynydd, Kirsty

Young, jyst iawn â thagu a fe wnaeth enillwyr eraill fel Roy Hudd a Jonathan Ross gadw'r jôc i fynd, gyda Julie Walters yn cyfaddef mai hi oedd Mrs Dilys Thomas. Yn ddiweddarach fe dderbyniais i lythyr oddi wrth Roy Hudd yn diolch i fi am ddod â hiwmor i'r noson. Mae pethe felna yn codi calon rhywun.

Dyna'r unig anrhydedd fawr i fi ei derbyn erioed, er i'r Eisteddfod Genedlaethol, pan own i'n aelod o Edward H, fy ngwahodd i fod yn aelod o'r Orsedd. Fe wrthodais ar y pryd gan ddweud mai Mam ddylai gael yr anrhydedd am roi genedigaeth i gath fwya'r byd. Wnaethon nhw ddim derbyn y syniad, felly fe wna i ddiolch iddi.

Thanciw, Mam.

PERLAU PWS

Pan oedd Dewi'n byw yng Ngogledd Llandaf, fe wnes i alw am banad. Roedd hi'n braf ac fe aethon ni allan i'r ardd a diosg ein crysau. Mewn cae cyfagos roedd gêm o bêl-fas yn cael ei chwarae a minnau'n rhyw wylio'n ddioglyd. Rhwng y tŷ a'r ardd roedd llwybr lle'r oedd mamau yn cerdded i'r ysgol gyfagos i nôl eu plant.

Wrth i mi wylio'r gêm roedd Dewi'n siarad, a minnau heb fod yn cymryd llawer o sylw.

'Dennis, 'ti'n meddwl 'mod i'n fachan smart?'

'Wyt, Dewi.'

''Ti'n meddwl 'mod i'n fwy smart na ti?'

'Ydw, Dewi.'

O dipyn i beth fe sylwais fod y mamau yn edrych ar yr ardd ac yn gwenu. Fe wnes i droi i edrych a dyna lle'r oedd Dewi yn gwbl noethlymun yn sefyll yn yr ardd yn edmygu'i gorff yn yr haul.

Ychydig wedi i'r Loteri cenedlaethol gychwyn fe enillodd rhywun ugain miliwn o bunnau. Tra oedden ni allan yn cerdded un dydd fe ofynnais i Pws be' wnâi o petai o'n ennill y fath arian? Ei ateb annisgwyl oedd y buasa fo'n ei roid i ffwrdd bob dimau. Yn ddiweddarach, uwch panad, dyma fo'n newid ei feddwl. Petai o'n ennill ugain miliwn fe fysa fo'n sgwennu llyfr.

'Pa fath o lyfr?' gofynnais.

A Dewi'n ateb, 'Llyfr o'r enw "How to Be a Compulsive Liar".'

Unwaith, pan oeddwn i'n cyfarwyddo 'Rownd a Rownd', roedden ni'n ffilmio mewn eglwys ac un o'r actorion ifainc yn awyddus i drafod crefydd. Fe ofynnodd i mi beth oedd fy marn am Dduw? Finnau, sydd ddim yn rhyw grediniwr mawr, yn esbonio fod Duw yn medru golygu rhywbeth gwahanol i bobl o grefyddau gwahanol, pobol fel Bwdistiaid, Mwslimiaid ac yn y blaen. Yna fe aeth ymlaen i ofyn beth oedd ystyr nefoedd? Unwaith eto fe esboniais fod nefoedd i rai yn rhywbeth ar ôl marw. I eraill, roedd modd cael nefoedd ar y ddaear. Yna fe drodd yr hogyn at Dewi a gofyn iddo fo ble oedd ei nefoedd o? Fe atebodd Dewi heb unrhyw betruso,

'Tafarn y Gardd Fôn ar nos Fawrth, noson y cwis.'

Ar set 'Rownd a Rownd' un dydd wedyn roedd Dewi mewn golygfa yn y siop ar ben ysgol tra oedd Betsan Llwyd, a oedd yn chwarae rhan ei wraig, yn sgwrsio ag o. Roedd y ddau â'u cefnau at ei gilydd yn ystod y sgwrs, nes i Betsan godi a throi ato ar ddiwedd y sgwrs. Fe aethon ni drwy tua pump ymarfer. Ond cyn i ni fynd am y 'take' fe aeth Dewi allan. Yna dyma ni'n barod: 'Camera'n troi... "take one".' Aeth y sgwrs yn ei blaen yn berffaith, Betsan yn plygu i osod y papurau newydd mewn trefn yn y siop a Dewi, ar ben yr ysgol, yn gosod nwyddau ar y silffoedd. Yna fe ddaeth yn amser i Betsan droi i sgwrsio â Dewi. Ond fe fethodd hi â dweud yr un gair. Yno, yn ei hwynebu, roedd Dewi mewn sanau duon a 'basque' a syspendars.

Mae o'n gwneud llawer o hynny!

DENNIS PRITCHARD JONES

Yr unig greadur yn y byd fedrwch chi gymharu â Dewi yw'r gwningen sydd yn yr hysbyseb 'Duracell'. Yn yr hysbyseb mae cwningod yn rhedeg ras, a thra mae'r cwningod hynny sy'n defnyddio batris cyffredin yn syrthio ar fin y ffordd o un i un, mae'r gwningen 'Duracell' yn mynd ymlaen ac ymlaen ac ymlaen. Dyna Dewi. Dyw e' byth yn stopo.

Welais i neb tebyg iddo fe. Dyw e' ddim yn gwybod ble mae e'n mynd. Dyw e' ddim yn gwybod ble mae e' wedi bod. Dyw e' ddim yn gwybod be' mae e'n wneud. Dyw e' ddim yn cofio be' mae e' wedi'i wneud – gyda'r canlyniad ei fod e'n dal i wneud yr un triciau nawr ag yr oedd e' ddeng mlynedd ar hugain mlynedd yn ôl. Ond maen nhw'n dal yn ffresh. Rwy'n credu'n gryf fod ystod ei gof yn llai nag ystod cof pysgodyn aur.

Dewi yw'r tad na chafodd ein plant. I blant mae e'n arwr. Pan fo plant yn mynd bant i rywle, cyngor pob tad yw, 'Byhafiwch!' Cyngor Dewi iddyn nhw yw, 'Byddwch yn ddrwg. Cofiwch, dwi ddim eisie dod 'nôl fan hyn a chlywed eich bod chi wedi bod yn dda!' Ac mae'r plant wrth eu bodd.

Y gair cynta wnaeth Sion, fy mab hynaf, ei ddysgu erioed oedd 'Byc!'. Roedd Dewi wedi bod yn gofalu ar ei ôl am ddiwrnod cyfan a phan ddaeth Siwan a finne adre fe wnaethon ni lawenhau wrth ei glywed e'n torri ei air cynta. Ond fedren ni ddim deall arwyddocâd y gair. Bob tro fydde rhywbeth yn mynd o'i le wrth chware fe fydde Sion yn gweiddi 'Byc!' Wedyn y gwnaethon ni sylweddoli mai methu ynganu'r gair oedd Dewi wedi'i ddysgu iddo fe oedd y crwt.

Dewi hefyd yw'r gŵr delfrydol na chafodd ein gwragedd. Mae'n eu swyno nhw i gyd. Ei enw ar Siwan yw'r Santes Siwan. Felly hefyd gwragedd fy ffrindiau, y Santes Margaret ac yn y blaen. Ond y gwir amdani yw mai'r unig fenyw sy'n haeddu'r fath ddisgrifiad yw ei wraig e'i hun, Rhiannon. Y Santes Rhiannon ddyle hi fod am ei odde a'i ddiodde fe gymaint.

Petawn i'n gorfod dewis un achlysur i ddisgrifio Dewi ar ei orau, yna'r trip i Padstow yng Nghernyw ddechrau'r wythdegau oedd hwnnw. Fe ddes i adre â chyhyrau fy wyneb i'n dost o chwerthin. Mynd yno i Ŵyl Fai wnaethon ni, gŵyl ar gyfer pobol gymharol leol, fel arfer. Mae hi'n ŵyl fach fewnblyg iawn gyda chanrifoedd o draddodiad y tu ôl iddi ac fe aethon ni yno yn enw'r 'Canton Folk Society' er mwyn rhoi'r argraff o barchusrwydd.

Fe aethon ni, saith ohonon ni, sef Dewi, Ems, Dewi Roberts, Graham Pritchard, Rhys Evans, Magwa a finne fel Arglwyddi'r Fap ar drywydd yr Os Coch a'r Os Glas, rhyw chwedl gwbl ddychmygol a grewyd ganddo ni. Yn un peth fe gawson ni'n taflu allan o le bwyta Rick Stein. Ond stori arall yw honno. Fe ddechreuon ni drwy yfed caniau o gwrw ynghanol y dre. Yna fe ddechreuodd Graham chware'r ffidil ac yna dyma Dewi yn cychwyn ar ryw fath o theatr stryd fyrfyfyr ar ffurf meim. Cyn pen dim roedd dau neu dri chant o bobol wedi casglu i wylio. Yna fe ddaeth plismones draw gyda'r bwriad o roi stop ar bethe. Ond dyma Dewi yn annerch y dorf ac yn gofyn iddyn nhw,

'How does a policewoman part her hair?'

Fel ateb fe wnaeth Dewi gwtsho ar ei sodlau, lledu ei bengliniau cyn codi a dweud,

'Evening, all!'

Fe giliodd y blismones â'i hwyneb yn goch fel tomato.

Yn Padstow hefyd y llwyfannodd Dewi ei berfformiad mawr, Y Pastai Diflanedig. Yng Nghernyw roedden ni yn ardal y pastai, wrth gwrs. Fe safodd yn nrws rhyw far yn dal pastai ac yn annerch y rhai oedd yn gwylio, gan frolio y gwnâi e' i'r pastai ddiflannu mewn amrantiad. Y tro cyntaf fe drodd ei gefn a gwthio'r pei yn gyfan i'w geg cyn troi a dangos ei ddwylo'n wag. Yr eildro fe daflodd e'r pei dros ei ysgwydd i'r maes parcio.

Gan i'r tric weithio mor dda fe benderfynodd wneud yr un peth gyda phêl blastig roedd Dewi Roberts wedi'i phrynu ar gyfer gêm ar y traeth. Roedd Pws y tu allan i westy uwchlaw'r môr a llond y balconi yn ei wylio. Fe orchuddiodd e'r bêl mewn copi o'r 'Sunday Times' a'i chicio dros ei ben i'r môr. Wrth i'r bêl ddiflannu fe laniodd y papur newydd yn berffaith yn ei ddwylo. Yna fe drodd at y criw oedd yn gwylio a moesymgrymu.

Fe ofynnais i iddo unwaith ysgrifennu at Aelodau o'r Cynulliad yn gofyn am fwy o ddarpariaeth ar gyfer addysg Gymraeg. Fe gefais yr ateb canlynol gyda chopi o'r llythyr wnaeth e' ddanfon:

Annwyl Emyr,

Amgaeaf gopi o'r llythyr ddanfonais i'r ddau, Glyn Davies AC a Jane Davidson AC. Gobeithio y bydd yn *ffafriol i'r achos ac yn help i gadw'r iaith yn fyw a chreu cydymdeimlad tuag at ein treftadaeth.*

Yr eiddoch,
Dewi

(eich cyfaill mynwesol yn yr argyfwng ieithyddol cyfoes).

Annwyl Jane a Glyn,

*Ar ran lot o bobol ffanatical yng Nghymru rwy'n sgrifennu atoch chi ***** i FYNNU bod ein plant yn cael eu haddysg yn Gymraeg – NEU bydd ****** TRWBWL! Mae gennym ni gontacts yn Al Qaeda, Mossad, y PLO a S4C. Os NA chawn ni beth y'n ni isie, RYDYCH CHI YN Y ****** CAC! ! – 'Kneecaps', 'Torture'. Bod yn westeion ar raglen Jonsi etc, etc.*

Yr eiddoch yn gywir,
Dewi Morris (ffrind Emyr Wyn).
O.N. Oes siawns cael lluniau ohonoch chi wedi eu llofnodi, rhai noeth, efallai?

Dim ond un llythyr yw hwn o blith dwsinau o lythyron a chardiau rwy' wedi eu derbyn oddi wrtho.

EMYR WYN

Fe wnes i gwrdd â Dewi gynta yng Nglanllyn pan oedd o yn Swog arna i. Y cof cyntaf sydd gen i amdano yw ei weld o'n sefyll yn y dŵr yn dal bocs o fatshus. Roedd e'n tanio'r matshus a'u taflu nhw i'r llyn. Pam? Am mai matshus 'Swan' oedden nhw.

Fe aethon ni allan gyda'n gilydd am y tro cyntaf pan oedd

Dewi yn chwarae rhan Inspector Barter, Cocni rhonc yn 'Glas y Dorlan', ac fe dreuliais i'r prynhawn cyfan yn cael colur a gwneud fy ngwallt er mwyn edrych ar fy ngorau. Fe gyrhaeddodd Dewi mewn pâr o jîns a chrys 'T' hefo llun gwasgod a dici-bow wedi'i beintio ar y crys. Dros y crys roedd o'n gwisgo 'dinner jacket' lot rhy fawr, oedd o wedi'i dwyn oddi ar fownsar yn y dre. Roedd o'n cario bwnshyn o flodau wedi gwywo oedd o wedi'u dwyn o fynwent Eglwys Gadeiriol Llandaf.

Pan oeddan ni'n dechrau canlyn roedd Dewi yn byw mewn hofel o bed-sit yn Aberystwyth ac, un bore dydd Sadwrn, fe alwodd y landlord i gasglu'r rhent. Fe fu'n rhaid i mi guddio yn y wardrob am hanner awr nes i hwnnw adael.

Pan oedden ni'n byw yn Llandaf fe ddaeth Dewi adre'n hwyr un noson ar ôl bod allan yn gamblo gydag Emyr Wyn a Huw Ceredig. Fe dynnodd ei ddillad a gwisgo'i byjamas. Fe aeth pum munud heibio a minnau'n pwdu a dweud dim am ei fod o mor hwyr. Yna dyma fe'n siarad.

'Rhi…'

Fe wnes i ei anwybyddu. Pum munud arall.

'Rhi…'

Ei anwybyddu eto. Pum munud arall.

'Rhi…'

O'r diwedd fe wnes i ei ateb. 'Be' ti isio?'

'Wnei di fynd lawr i dalu'r gyrrwr tacsi, does gen i ddim pres ar ôl.'

Fe aeth deuddeng mlynedd o ganlyn heibio cyn i ni ddyweddïo. Yna, yn sydyn iawn, fe wnaethon ni benderfynu cymryd y cam hwnnw. Fe edrychais i ar wahanol fodrwyau yng nghwmni Annie Owen, sydd bellach yn briod â Gareth Lewis, cyd-actor gyda Dewi yn 'Pobol y Cwm' a 'Torri

Gwynt'. Yna fe lwyddais i berswadio Dewi i ddod i'r siop. Fe hoffodd o'r fodrwy oeddwn i wedi'i dewis ond wnâi'r siop ddim derbyn cerdyn credyd gyda'r canlyniad mai fi wnaeth dalu drwy siec. Felly, fe wnes i adael y siop gyda'r fodrwy ac 'IOU' Mr Morris.

Ar ôl y briodas fe ofynnais i Dewi nôl fy ffrog i o'r llofft yn y gwesty. Fe daflodd Dewi'r ffrog allan drwy'r ffenest. Pam? Am fod y ffrog wedi'i gwneud o sidan, yr un deunydd â pharashwts, ac roedd o am weld a fedrai'r ffrog hofran.

Gyda llaw, ar ddiwrnod y briodas fe drefnwyd golff yn y bore, golff cyn y wledd, ac fe ffurfiwyd gosgordd o ffrindiau Dewi yn dal ffyn golff. Fe fedrech chi ddisgrifio'r achlysur fel penwythnos golff gydag 'optional wedding'.

Un o hoff fannau Dewi yw traeth Nimborio yn Symi. Yno, mae o'n cael ei adnabod fel 'karaffala', sef yr enw Groegaidd am 'pen moel' – ac am yr un rheswm mae o'n cael ei adnabod fel 'globus', yr enw am fylb trydan.

Er gwaetha'r ffaith ei fod o'n cael ei adnabod fel Pws, mae Dewi'n gwylltio pan fydd cathod yn gadael eu busnes ar y lawnt. Allan yn yr ardd un noson fe glywson ni sŵn yn y gwrych. Cath! Taflodd Dewi lond gwydr o win drosti, a phan ddaeth y golau diogelwch ymlaen, yno o'n blaenau roedd draenog bach yn socian o win. Fe aeth Dewi ar ei liniau i ymddiheuro iddo.

RHIANNON